アサヒビール株式会社発行■清水弘文堂書房編集発売

地球千年紀行

目次

先住民族の叡智

Journeys beyond Time and Space
The Wisdom of the Indigenous Peoples

TSUKIO Yoshio

S T A F F

PRODUCER 礒貝 浩・礒貝日月（清水弘文堂書房）
DIRECTOR あん・まくどなるど
CHIEF IN EDITOR & ART DIRECTOR 二葉幾久
DTP EDITORIAL STAFF 中里修作
PROOF READER 石原 実
COVER DESIGNERS 深浦一将　黄木啓光・森本恵理子（裏面ロゴ）
STAFF 窪田 暁

□

アサヒビール株式会社「アサヒ・エコ・ブックス」総括担当者 丸山高見（常務取締役）
アサヒビール株式会社「アサヒ・エコ・ブックス」担当責任者 友野宏章（社会環境部部長）
アサヒビール株式会社「アサヒ・エコ・ブックス」担当者　高橋 透（社会環境部）

地球千年紀行

先住民族の叡智

月尾嘉男

アサヒビール株式会社発行
清水弘文堂書房発売

はじめに

二〇〇四年冬に南米大陸南端のケープホーンをカヤックで周回するため、南極大陸の各国の基地を例外として、人間が普通に生活している世界の南端であるプエルト・ウィリアムスという寒村に何日か滞在したことがある。一万数千年前に陸続きであったベーリング地峡を横断して、モンゴロイド系統の人々が北米大陸から中米を経由して南米大陸まで南下したが、もっとも南側まで到達したのがヤーガンといわれる民族で、その末裔となる人々が生活している集落が付近に存在していた。

一六世紀以後、世界一周をするために、この一帯を通過したフェルディナンド・マゼラン、フランシス・ドレーク、ジェームズ・クック、チャールズ・ダーウィンなどはヤーガンの人々を目撃して記録しているが、それ以後にヨーロッパから到来した人々と接触したヤーガンの人々は疫病に伝染して病死したり、武力で襲撃されたりし、人口が急速に減少するとともに、混血も進行し、純粋のヤーガン民族は最後の一人となる高齢の女性が付近に生存しているだけという状況であった。

そのとき、ヤーガンの混血の女性と出会ったが、彼女は消滅してしまったヤーガン独自の言葉の辞書を作成し、同様に消滅寸前の文化を維持しようとしていた。そこで帰国してからヤーガンについて調査してみると、人々は海獣オタリアの皮革で製造したカヤックを使用し、筆者がケープホーン周回のときに立寄ってテント生活をした、プエルト・ウィリアムスからケープホーンまでに点在する島々にも生活していたのである。それを契機に、先住民族といわれる人々に関心をもつようになった。

欧米を中心とする世界に近代国家が成立し、それらの国家が帝国主義を背景にして世界に領土を拡大していく過程で、領土となった地域の先住民族は土地を搾取され、人口は減少し、その結果、固有の言語も文化も消滅していった。そのような歴史は世界の変化の一部とも理解できるが、わずかに維持されている言語や文化のなかには、一見、進歩したと理解されている現代の社会が参照すべき叡智が豊富に存在し、とりわけ地球規模の環境問題へ対処する方法として有効な精神の宝庫である。

そのような先住民族の叡智を考古学的に紹介する番組は数多く存在するが、二一世紀の人類が直面している環境問題を解決する視点から紹介するテレビジョン番組を制作したいと、パナソニック株式会社の中村邦夫社長（当時）にご相談したところ、支援を即断していただき、「パナソニック・スペシャル：地球千年紀行」が毎月一回放送されることになった。それ以後、大坪文雄社長（現在）をはじめとする幹部の皆様、そしてコーポレート・コミュニケーション本部の皆様のご支援によって、これまで二〇番組を放送することができた。

パナソニック株式会社の英断により、番組は現在も継続して放送されているが、取材対象の先住民族との契約などにより、これまでの番組を再度放送することには制約がある。そこで二〇番組まで到達したことを区切りとし、その内容を書籍の形式にしたのが本書である。本文で何度も繰返しているが、人間を中心とする社会が時間とともに進歩するという思考は幻想である。本書が、その幻想から脱却し、これまで忘却し廃棄してきた文化から、世界の将来を再考する一助になれば、幸甚である。

平成二四年四月

月尾嘉男

第1章

環境時代に浮上する先住民族の文化

1-1 情報通信がもたらす損失

インターネットという情報通信手段が社会に登場して約二〇年が経過しただけであるが、国際電気通信連合（ITU）の統計によると、二〇一〇年度には地球の人口の三割に相当する二〇億人以上の人々が使用するようになり、先進の北欧諸国などでは普及比率が九割に接近している。日本でも二〇〇〇年頃には国民の四人に一人の割合で普及している程度であったが、二〇一〇年度では四人のうち三人が利用するまでに普及し、インターネットが存在しない社会を想像することが困難なほどである（図1）。

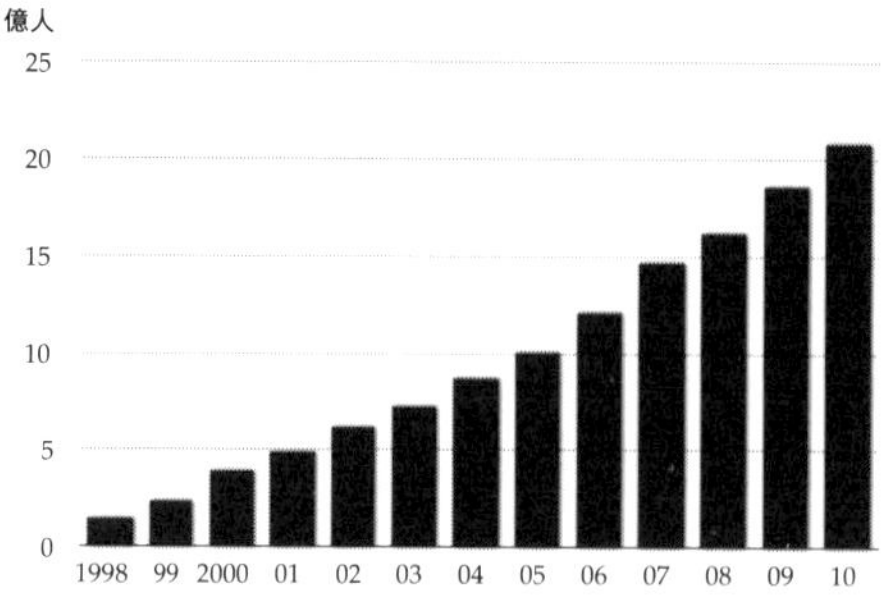

図1　世界のインターネット利用者数

しかし、すべてが利点だけではない。現在、日本国内で情報通信手段を利用するために消費される電力は全体の五％程度であるが、この趨勢で利用が拡大していくという前提で計算すると、二〇二五年度には情報通信手段を維持するための電力消費は約一〇倍に増大し、全体の二〇％近くになると推定される。その対策としてグリーンITという名前で、情報通信機器の電力消費を低下させる技術開発が推進されているが、それによって低減が可能になったとしても、問題は山積みしている。

一般の人々がインターネットを利用する目的の大半は、メールの送受と情報の検索であるが、アメリカの物理学者が、グーグルを利用して情報を一回検索すると、約七グラムの二酸化炭素排出量になるという論文を発表した。グーグルの利用回数は世界全体で一日一二億回以上であるから、計算してみると、世界の二酸化炭素排出量の〇・〇二％に相当する。これは情報検索の効用を考慮すれば無視できる程度の損失かもしれないが、そうではない損失がある。

世界全体のインターネットのネットワーク内部を一日に三〇〇〇億通以上のメールが往来していると推定されているが、そのうち九割、すなわち二七〇〇億通は迷惑メールである。これを削除するために一通につき三秒が必要と仮定し、その無駄な時間を時間単価二〇ドルで金銭に換算すると、年間の損失は約一兆六〇〇〇億ドルになり、これは世界の国民総生産額の三・五％に相当する。その迷惑メールを作成し発送する労力も勘定すれば、損失は何倍にも拡大する。

そのような損失のみではなく、犯罪も発生している。二〇一一年春にオンラインゲームを提供している企業のコンピュータ・システムから数千万人の個人情報が盗難にあう事件が発生し、また九月には軍事技術に関係している日本企業のコンピュータ・システムに何者かが侵入し、兵器の設計情報などが流出したと推定される事件も発生した。さらに同年には、日本の国会議員が利用しているコンピュータ・システムに何者かが侵入し、議員のアドレスやパスワードが流出する事件もあったが、これらは氷山の一角である。

二〇一一年秋には、ＮＡＳＡが運用する地球観測衛星や地球資源調査衛星が数年以前に中国からと推定される違法な信号により攻撃されたということをアメリカ政府が発表している。そのような事態への対策として、アメリカ政府は情報通信による攻撃を兵器による攻撃と同等とし、通常兵器による反撃を可能にする法律を議会に提出している。これまでのスパイ小説の世界が現実になっているのであるが、その損失は迷惑メールの損失とは比較にならない規模になる。

1－2 清潔国家がもたらす損失

パリ郊外にあるヴェルサイユ宮殿は一〇〇〇ヘクタール以上の広大な敷地に、ルイ一四世太陽王が建設した、ブルボン王朝の栄華を象徴する壮麗な居城であるが、その建設の背景には、パリ市内のルーブル宮殿の内外が糞尿で汚染され、その不潔さから脱出するためという目的があった。同一の時期、日本の江戸は人口一〇〇万以上でパリを上回る巨大都市であったが、上水道網が整備され、糞尿は肥料として回収利用され、外国の人々が驚嘆して記録しているほど清潔な都市であった。

その伝統を継承し、現在でも日本民族は世界有数の清潔国民である。その一例として、世界の約一八〇の空港の便所の清潔順位の一位は関西国際空港、二位は成田国際空港であるが、この評価に貢献しているのが温水洗浄便座の普及である。公共施設にさえ設置されているほど温水洗浄便座は日本社会に浸透しており、一〇年前には家庭の約三四％に普及していただけであったが、二〇一〇年度現在では約七〇％まで増大した。これは痔疾の減少など利点はあるにしても、無視できない損失がある。

この便器は温水を上向きに噴射するときにマイクロモーターを駆動するため数百ワットの電力を消費する。現在、約五〇〇〇万の家庭の七割に三五〇〇万台の便器が設置されているが、出勤直前の午前八時前後にほぼ三割が同時に使用されると推定されている。このときの電力消費を計算してみると四七〇万キロワットになるが、これは日本の総電力供給量の二・七％に相当し、偶然であるが、津波で壊滅した福島第一原子力発電所の六基の発電設備の出力を合計した発電能力と同等である。

人間の社会は時間とともに変化していくが、その変化は最終目標とする理想の状態に到達する発展の過程であるという思想があり、進歩史観と命名されている。これは一八世紀から一九世紀にかけての啓蒙主義時代に広範に流布した思想であるが、現在でも信奉する人々が存在する。しかし、冒頭に紹介した二例は、一般に文明の進歩と理解されている人間の努力が、あらゆる側面で社会に良好な結果をもたらすわけではなく、損失をもたらす側面もあるということを明確に提示している。

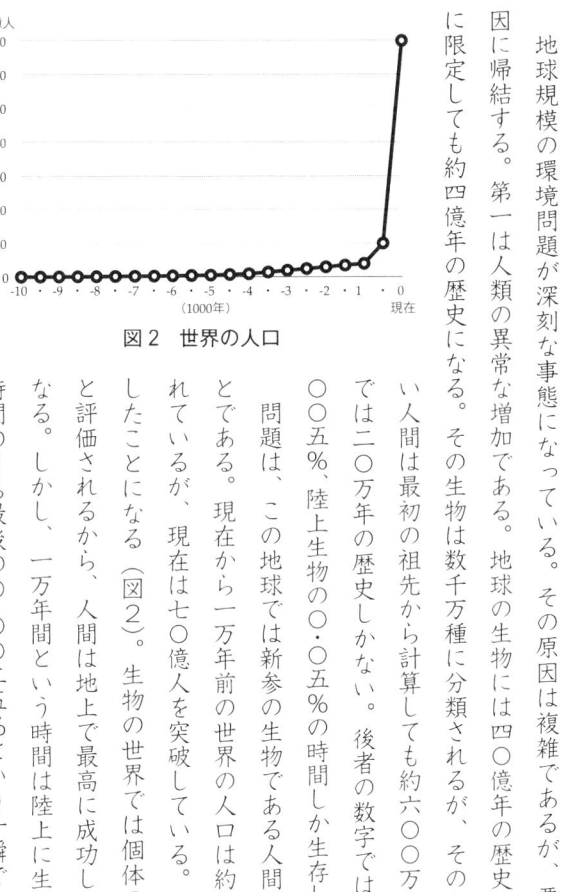

1-3　進歩史観がもたらす環境問題

地球規模の環境問題が深刻な事態になっている。その原因は複雑であるが、要約すれば二種の原因に帰結する。第一は人類の異常な増加である。地球の生物には四〇億年の歴史があり、陸上の生物に限定しても約四億年の歴史になる。その生物は数千万種に分類されるが、そのうちの一種でしかない人間は最初の祖先から計算しても約六〇〇万年、直系の祖先からでは二〇万年の歴史しかない。後者の数字では、生物の歴史の〇・〇〇五%、陸上生物の〇・〇五%の時間しか生存していないのである。

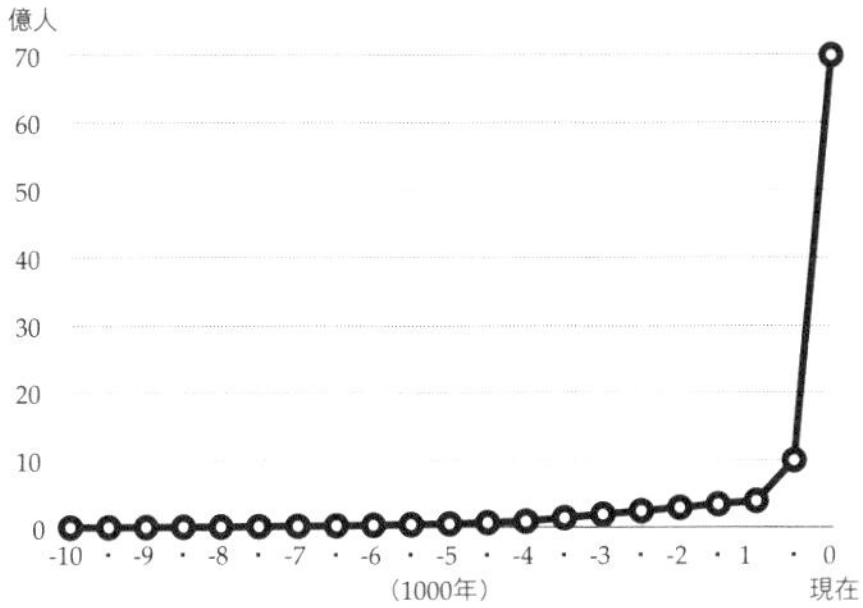

図2　世界の人口

問題は、この地球では新参の生物である人間が異常に繁殖したことである。現在から一万年前の世界の人口は約五〇〇万人と推定されているが、現在は七〇億人を突破している。約一四〇〇倍に増加したことになる（図2）。生物の世界では個体の総数の増大が成功と評価されるから、人間は地上で最高に成功した生物ということになる。しかし、一万年間という時間は陸上に生物が登場してからの時間のうち最後の〇・〇〇二五%という一瞬であるから、環境には多大の負荷をもたらしている。

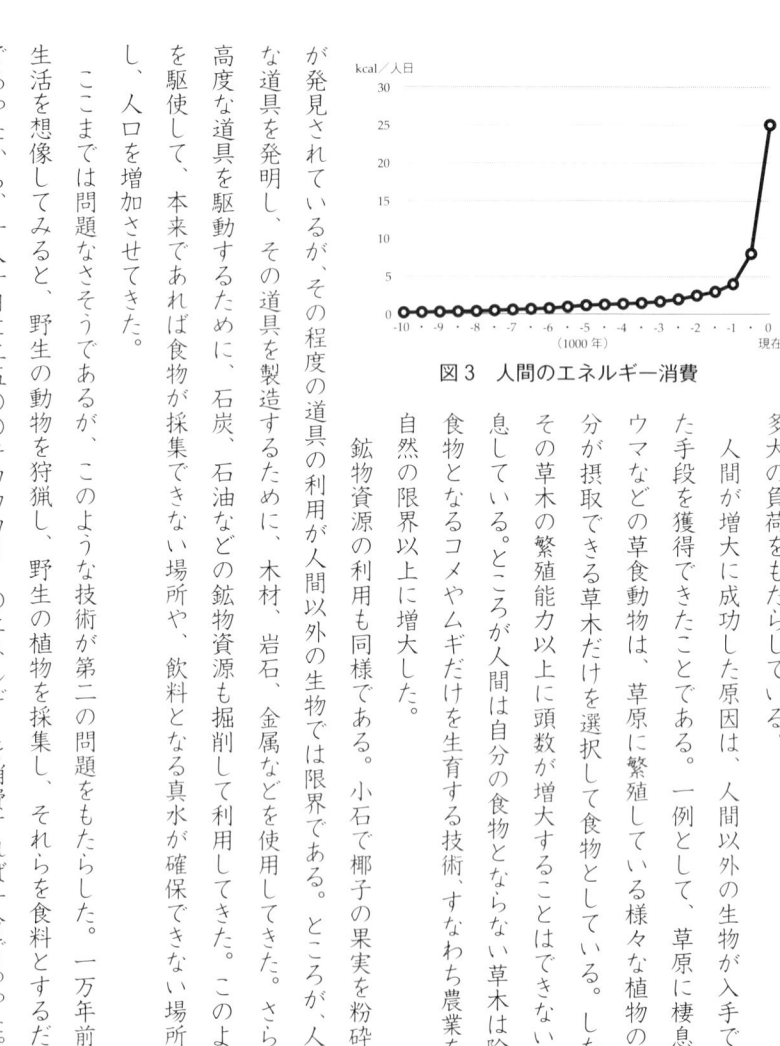

人間が増大に成功した原因は、人間以外の生物が入手できなかった手段を獲得できたことである。一例として、草原に棲息するシマウマなどの草食動物は、草原に繁殖している様々な植物のなかで自分が摂取できる草木だけを選択して食物としている。したがって、その草木の繁殖能力以上に頭数が増大することはできない仕組で棲息している。ところが人間は自分の食物とならない草木は除去して、食物となるコメやムギだけを生育する技術、すなわち農業を獲得し、自然の限界以上に増大した。

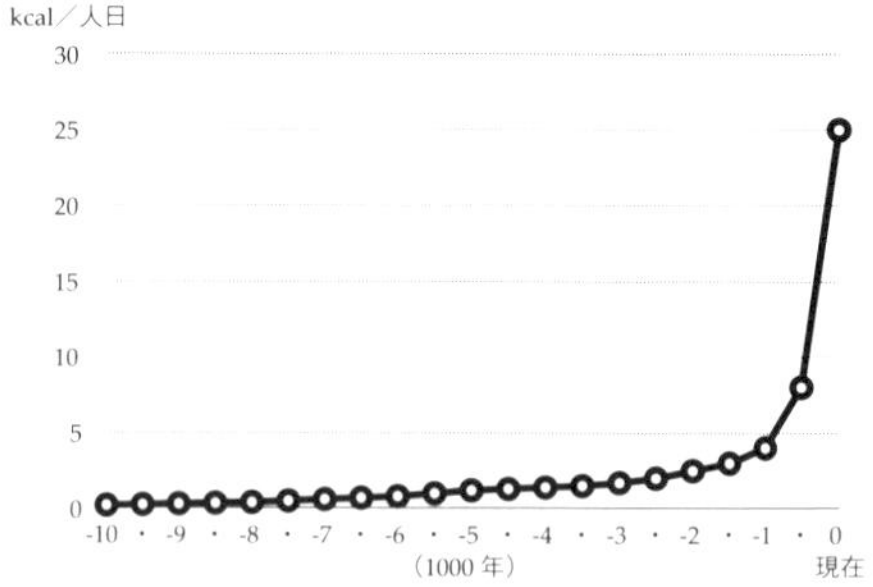

図3　人間のエネルギー消費

鉱物資源の利用も同様である。小石で椰子の果実を粉砕するサルが発見されているが、その程度の道具の利用が人間以外の生物では限界である。ところが、人間は様々な道具を発明し、その道具を製造するために、木材、岩石、金属などを使用してきた。さらに一部の高度な道具を駆動するために、石炭、石油などの鉱物資源も掘削して利用してきた。このような技術を駆使して、本来であれば食物が採集できない場所や、飲料となる真水が確保できない場所へも進出し、人口を増加させてきた。

ここまでは問題なさそうであるが、このような技術が第二の問題をもたらした。一万年前の人間の生活を想像してみると、野生の動物を狩猟し、野生の植物を採集し、それらを食料とするだけの生活であったから、一人一日に二五〇〇キロカロリーのエネルギーを消費すれば十分であった。しかし、現在では穀物を生産するために耕作機械を使用し、それを必要な場所に供給するために輸送機械を利用し、食品を加工するためにも様々な機械を必要としている。

その結果、現在の人間が一人一日に使用するエネルギーは世界平均で約二五万キロカロリーに増大している（図3）。一万年間で一〇〇倍の増大であるが、その期間に人口は一四〇〇倍近く増大しているから、掛算すると人類が消費するエネルギーは一四万倍に増加したことになる。地球の歴史では一瞬にしかすぎない時間に、人間が異常な繁殖をし、異常に資源やエネルギーを使用するようになったのであるが、要約すれば、これが地球規模の環境問題の構造である。

そこから派生する問題の第一は資源の涸渇である。人間が金属資源を利用するようになったのは過去数千年間のことであるが、そのわずかな期間に地中から資源を次々と掘削してきた結果、このままのペースで掘削を継続すれば、人間が地中を探査して存在を確認している資源は、鉄鉱で一〇〇年程度、銅鉱で三〇年強、金鉱や銀鉱は一〇数年で涸渇すると予測されている。もちろん、不要になった製品から資源を回収して再度利用するから、資源が消滅するわけではないが、新規の供給は停止するということになる（図4）。

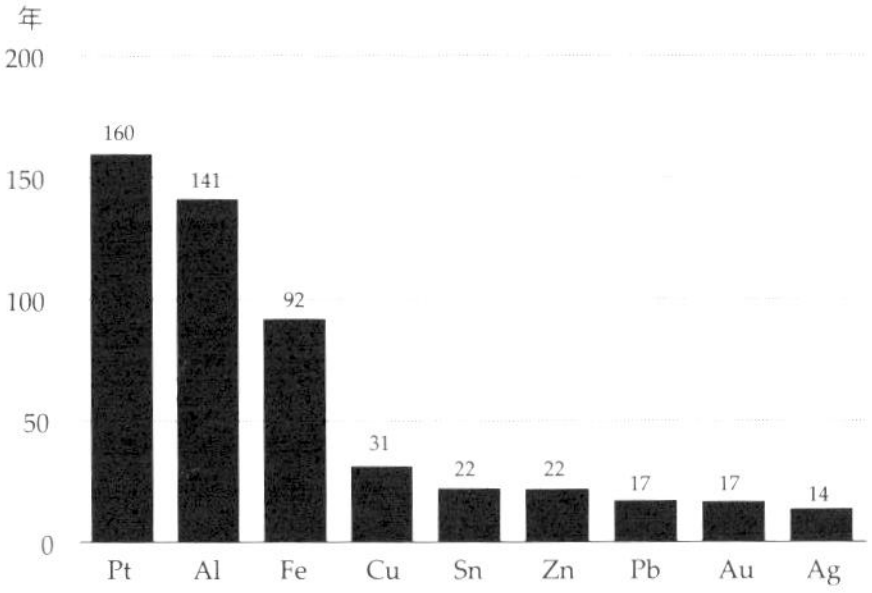

図4　金属資源の枯渇年数

現代文明の根底にある化石燃料の涸渇も憂慮されている。現在の規模で毎年消費していけば、石油は約四〇年、天然ガスは約七〇年、石炭は二〇〇年程度で涸渇するとされてきた。しかし、新規の油田や炭田が発見されているし、シェールガスやメタンハイドレートなどの新規の資源も登場しているから、さらに数百年間は化石燃料を使用可能であるが、それでもわずか数百年前から使用を開始して、数百年後に使用できなくなるわけであるから、これも地球の歴史の一瞬で蕩尽してしまうことになる。

さらに生物資源も消滅の危機にある。一万年前、地球の陸地には約六二億ヘクタールの森林が繁茂していたようであるが、現在では約四〇億ヘクタールにまで減少し、この速度で伐採していけば、五〇〇年程度で森林は消滅することになる。それによって住処を喪失した生物が絶滅していき、一例として、世界の哺乳動物の約二〇%。鳥類の約一二%、両生動物の約二九%が絶滅を危惧されている。このような植物や動物が消滅していけば、それらに依存している人間の生存も危機に直面することになる。

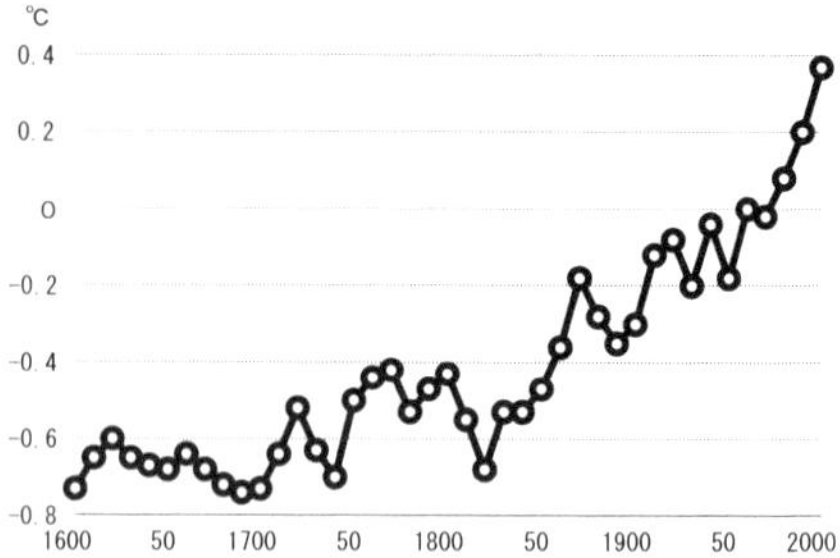

図５　気温の上昇（1960年代＝0）

その結果、第二の問題が発生した。人間が生活している自然環境を自身の活動によって生存に不利な方向に変化させはじめたことである。最大の環境変化は大気温度の上昇である（図５）。人間の活動の影響によって大気温度が上昇しているのか、太陽の活動の変化の影響によるのかは議論があるが、産業革命以来の二酸化炭素排出量の増大と気温の上昇には因果関係があるようであり、世界全体で二酸化炭素排出量を減少させるための国際会議が頻繁に開催されるようになっている。

人間が様々な技術や制度を開発し、その利用によって生活水準を向上させてきたことは進歩と理解されてきた。ここまでは進歩史観は妥当な思想であった。しかし、いくつかの事例で紹介したように、技術や制度のもたらす効果には正負、もしくは裏表が存在することは明確であり、場合によっては現在の技術や制度が人類の進路の障害になるかもしれない。長期に地球に存続することが生物の目標であるとすれば、これまで人類が選択してきた進路が適切であったかが疑問になる。

１‐４　動物は人間より自然を熟知

衣服の袖口から登山の用具まで、日常生活の各所に使用されているマジックテープは、オナモミという植物の表面に多数の突起をもつ種子が靴下や衣服に簡単に付着する仕組に注目したスイス人発明家が苦心して開発した製品である。従来の便器に比較して数分の一程の流水で表面の汚染を簡単に洗浄できる便器が発売されているが、これはカタツムリの外殻の微細な凹凸によって、表面の汚染が一雨で簡単に清浄になる仕組を参考にして開発された技術である。

新幹線五〇〇系電車の先頭車両は異常に細長い形状をしているが、これはカワセミが樹上から水中に突入するときに、ほとんど衝撃なしに突入していることを参考に、そのクチバシの形状を真似した設計である。その効果で、トンネルに突入するときの衝撃が大幅に緩和されている。その列車のパンタグラフの支柱には多数のギザギザの突起が付加されているが、これはフクロウが樹上から獲物を襲撃するときに、ほとんど無音で降下する羽根の仕組を模倣し、騒音の低減に役立てるためである。

このような技術開発はバイオミミクリと命名されている。生物の能力を参考にした技術開発という意味であり、最近、急速に注目されている。人間は自身を万物の霊長と自惚れているが、その霊長が開発した技術の能力や効率は生物の能力には対抗できないものが多数存在する。理由は簡単で、人類の最初の祖先猿人は約六〇〇万年前、直系の祖先新人は数万年前に地球に登場しただけであるが、両生動物は四億年間、哺乳動物は約二億五〇〇〇万年間も地球で生活し、自然を熟知しているからである。

したがって、まだ人間が解明できていない生物の能力も多数存在する。二〇一一年冬にニュージーランド南島で巨大な地震が発生したが、その二日以前に付近で一〇〇頭以上のゴンドウクジラが座礁している。同年八月にアメリカ東部海岸でM五・八の地震が発生する直前に、ワシントン国立動物園内のオランウータンやフラミンゴなどが異常な行動をしたという報道がある。現在の人間の能力では、地震と動物の行動の関係は解明できないが、動物たちには予知能力が存在するかもしれない。

『旧約聖書』には、人間は全能の大神が創造し、同様に創造した人間以外のすべての生物を支配するように命令したと記述されている。その教義を信仰する一神教的宗教の信者は、ダーウィン的進化論を否定しているが、そのような宗教の登場以前から地球に生活してきた先住民族は動物や植物を対等の存在として崇拝するだけではなく、北米大陸の太平洋岸に生活する先住民族ネズパースには「どのような動物も人間よりはるかに自然を熟知している」という言葉が伝承されているほどである。

人間は食物連鎖ピラミッドの頂点に位置するため、生物世界に君臨すると錯覚しがちであるが、現実はピラミッドの底辺を支持している水中のプランクトン、それを栄養とする小魚、それを食用とする様々な動物などによってピラミッドは維持され、その最終の恩恵を人間が受領しているにすぎない。それを忘却して、ひたすら生物資源や鉱物資源を収奪する方法によって生活水準を向上させてきたのが現在の地球規模の環境問題の根本にある構造であり、進歩史観の問題である。

１－５歴史は勝者の記録

イングランド北部のスコットランドとの境界線近くに、西側のアイリッシュ海域のソルウェイ湾奥から東側の北海沿岸まで、原野を東西に横切って延長数十キロメートルにもなる長大な石垣が存在している。この世界文化遺産にも登録されているハドリアヌスの長城といわれる城壁は、北側から襲撃してくるケルト民族を防御するために、ローマ帝国の版図を最大に拡大した皇帝ハドリアヌスの時代の紀元一二二年から約一〇年の年月をかけて建設したと説明される。

しかし、ケルトはローマ帝国が成立するはるか以前の紀元前一六世紀頃からヨーロッパ大陸全体で生活しており、ブリテン諸島のアイルランドやスコットランドにも渡来していた人々である。ところがユリウス・カエサルが『ガリア戦記』に記録している紀元前五八年から八年かけてのガリア戦争によって、大陸とイングランド南部から駆逐されていったのである。したがって、ケルトの立場からすれば、占拠された領土を奪還するための襲撃であり、原因はローマ帝国に存在することになる。

アメリカの新聞『ワシントン・ポスト』の論評で有名であったアート・バックウォルドというアメリカの人気コラムニストに「だれがコロンブスを発見したか」という短編がある。一般に学校の歴史の授業では、北米大陸はクリストファ・コロンブスが一四九二年一〇月に発見したと教育されてきたが、それより一万数千年前にアジア大陸からベーリング地峡を経由してアメリカ大陸に移動してきた先住民族が生活しており、東方の海上から接近するコロンブス一行を発見していたというわけである。

一歩譲歩して、西欧社会の人々の北米大陸発見に限定しても、コロンブスは最初に発見した人間ではない。アイスランドに植民していたノルマン民族のヴァイキングの一人レイフ・エリクソンが一〇世紀の最後の時期にノルウェイから現在のカナダ東部に到達したということが北欧で編纂された文学作品サガに記録されている。一九六〇年代になり、カナダのニューファウンドランド島北西部にヴァイキングが定住していた遺跡が発見され、ランス・オー・メドー国立歴史公園として世界遺産に登録されている。

南米大陸のペルーのアンデス山脈の標高三四〇〇メートルの山中に、クスコという人口三二万人の都市がある。有名な遺跡マチュピチュへの観光拠点となる都市であり、その中心にある石畳のアルマス広場には巨大な赤色の石造のキリスト教会が建造されており、広場とともに世界文化遺産に登録されている。現在、ペルー国民の九割はカソリック教徒、一割はプロテスタント教徒であるという数字から、ペルー国民が敬虔なキリスト教徒として壮大な教会を建造したと誤解しかねないが、実情は相違している。

このペルーからボリビアにかけてのアンデス山脈には、約一万年以前からアンデス文明が存在し、一三世紀には広大な版図をもつインカ帝国が成立し、その首都がクスコであった。しかし、一六世紀にヨーロッパの人々が南米大陸を発見し、領土と財宝を獲得すべく殺到し、スペインから到来したフランシスコ・ピサロの軍隊が卑劣な方法でインカ帝国を滅亡させ、インカ帝国を創設したケチュア民族をキリスト教徒に改宗させ、土着の宗教は消滅した。その結果が壮大な教会となったのである。

現在までの調査では、ローマ帝国によって駆逐されたケルトも、コロンブスを発見した北米大陸の先住民族も、インカ帝国を構築したケチュアも、活動や思想を記録して伝達する文字をもたなかったため、自身の記録は口承や絵画など曖昧な形態でしか伝達してこなかった。その結果、各地の歴史は先住民族を征服し駆逐した人々の言葉で記録された内容が正史となり、先住民族は文明の発展の潮流に波乗りできなかった、もしくは出遅れた人々と解釈されてきた。

１‐６ 未来から現在を予測する

明確な地図の存在しない高山への登山を想定してみる。目標は高山の頂上に到達することである。山麓から出発すると眼前に急流が出現する。そこで渡河できそうな浅瀬を探索して対岸に到達する。しばらく進行すると、絶壁のような斜面が進路を妨害している。そこで斜面の足元を迂回すると、急峻な谷間に出会う。その谷間を横断できそうな地点まで谷沿いに下降し、ようやく横断する。ところが気付いてみると、頂上とは関係ない地点に到達してしまっていた。

それぞれの場所での判断は適切なものであったが、それらを合計してみると、目標である頂上へ到達するには困難な方向に進行していたことになる。これが部分最適の集合は全体最適にならない合成の誤謬である。人類は生活を安全にし、快適にするために技術を開発し、制度を考案して進歩してきたようであるが、冒頭に紹介したインターネットのマイナスの側面のように、それぞれの技術にも問題があるし、地球規模の環境問題のように、自身の生活する環境さえ破壊しかねない事態も出現している。

この問題を回避するためには、いくつかの方法がある。第一の方法は、急流や断崖に遭遇したときに、現在の位置と目指す目標の関係を明確にし、その時点では困難であっても急流を横断したり、断崖を登坂することである。大気の温度の上昇を回避するためには、二酸化炭素排出量を大幅に削減する必要がある。それは現在の生活水準を低下させる場合もある困難な方法であるが、その努力をすれば、環境問題を解決するという目標に到達できるかもしれないということである。

迷路のなかで目標地点に到達する経路を探索する場合、出発地点から目標地点に進行すると経路を発見しにくいが、目標に到達したと仮定して出発地点へ逆行すると発見しやすいということがある。未来から現在へ逆行するのである。最近、この方法をバックキャスティングと表現する。予測は英語でフォアキャスティングであるが、これは現在から前方（フォア）、すなわち未来を想定することであるが、バックキャスティングは未来から逆行（バック）して現在を計画することである。

ほんのしばらく以前、人口も少数であり、資源の消費も少量であった時代には、人間の活動が環境にもたらす影響は無視できるほどであったため、フォアキャスティングで猪突猛進しても深刻な問題は発生しなかった。しかし、人口も資源消費も異常な速度で増大する時代になった現在、人類が一定期間の将来に希望する社会の状態や生活の状態を想定し、そのために現在はどのような活動をしていく必要があるかというバックキャスティングの発想が重要になってきた。

1-7 復権する先住民族

以上のようないくつかの前提、すなわち社会は一定方向に進行していくという進歩史観の誤謬、人間は地球における最高の存在という人間中心主義の限界、勝者の史観が支配する歴史の検証、現在から未来を予測する手法の登場などを前提として、現在の社会の重要課題を明確にし、今後の社会制度を模索し、未来の社会の目標を発見し、そこを目指すための行動規範を検討しようというのが、この書物の目的である。そして、その模索や発見や検討の手段としたいのが先住民族なのである。

先住民族は英語では「インディジニアス・ピープルズ」、すなわち「土地固有の人々」とか「地域生来の人々」と翻訳される言葉が使用されているが、国際法上の確定した定義はない。二〇〇七年九月一三日にニューヨークの国際連合本部で開催された第六一期国際連合総会において「先住民族の権利についての国際連合宣言」が採択された。それ自体は世界の歴史の視点を転換する重要な宣言であったが、それでは先住民族とはどのような人々かという原点については明確な定義はされなかった。

しかし、クリストファ・コロンブスがアメリカ大陸を〝発見〟してから五〇〇年が経過した一九九二年一二月に「国際連合先住民族についての作業部会」が以下のような定義を採択している。「外部の地域から異質の文化をもつ異質の人々が到来し、地元住民を支配し圧倒して人口を減少させ、非支配的な立場や植民地的な状況にしてしまった時代に、現在の居住地域に生活していた人々の現存する子孫」ということになる。要約すれば、外部からの侵入勢力により駆逐された先住の人々ということである。

この定義からも推測できるように、一八世紀から一九世紀にかけて、西欧社会に成立した近代国家が一層の発展をするために領土拡大の競争を世界全体で展開した時代に問題は発生した。それらの国々の視点からは未開の土地であった世界各地を植民地化していった帝国主義時代に、その新規に成立した国家の主要な構成民族として関与することができず、その国家から従属を強要され、場合によっては侵略された結果、喪失した先住の権利や自決の権利の回復を主張している民族集団が先住民族なのである。

代表は、北欧諸国の北部のラップランドで生活をしているサーミ、アフリカ大陸で狩猟生活をしているピグミーやバサルワなどの民族、アラビア半島で遊牧生活をしているベドウィン、中国の辺縁地域に多数存在している少数民族、オーストラリア大陸に数万年前から生活しているアボリジニ、ニュージーランドのマオリ、南米大陸に生活するインディオ、北米大陸のインディアンやイヌイット、日本のアイヌなどで、世界七〇ケ国に約五億人が生存していると推計されている。

先述した国際連合による宣言が採択される契機となったのは、それより二五年前の一九八二年夏に国際連合人権小委員会の第一回先住民作業部会が開催されたことであることからも理解できるが、本来の役割は先住民族が〝外部の異質の文化をもつ異質の人々〟によって剥奪された権利を復権し、結果としてもたらされた差別を廃止するという人権の視点からの活動であった。ところが最近、別個の視点から先住民族の文化や伝統への関心が浮上している。それは地球規模の環境問題が深刻になってきたからである。

現代の人間の大半は時計がなければ時間を確認することができない、地図がなければ付近に河川があることを推測できない、植物図鑑がなければ毒草を識別することができないという状態にある。しかし、先住民族は太陽の角度や小鳥の鳴声で時間を推測し、鋭敏な嗅覚や聴覚で河川の存在を察知し、長年の経験によって一目で毒草を見分けるなどの能力がある。それは大半の現代人が技術という手段と交換に喪失していった能力を、先住民族は現在にまで維持してきたということである。

現代の人間が技術によって自然から隔離され、自然を理解する能力を喪失したまま奔放に生活してきた結果が地域から地球までの環境問題の主要な原因である。一万年前の人間と比較して、現代の人間は一人あたり一〇〇倍のエネルギーを消費しているが、それを異常と想像することはないし、日本

図６　南米大陸南端のケープホーンをカヤックで漕破する筆者

では供給される食糧の三分の一近くが廃棄されているが、その無駄に気付くこともない。それは技術が構成する文明によって自然と隔離された生活を継続してきた結果である。

かつて南米大陸の先端ケープホーンを手漕のカヤックで漕破したことがある。無人地帯を島伝いに進行していったのであるが、強風や荒波のため、海上に出艇できたのは二〇日間のうち半分であった（図６）。その前年、チリ海軍の好意で同一の航路を軍艦で案内してもらったときは、カヤックの出艇など想像もできない荒波の海上を一日で往復できた。無人の海岸で荒海を前面にテント生活をしていると、自然のなかでは人間が本当に矮小な存在であることを実感できたが、軍艦という技術を利用すると観光旅行であった。

先住民族といえども、現在では技術文明と無縁ではなく、日常生活では家庭電化製品も情報通信機器も利用しているし、移動には自家用車を使用している。狩猟でさえ弓矢ではなく、四輪駆動の車両で獲物を追跡し鉄砲で仕留めている。しかし、祖先から伝達された伝統文化を維持するという矜持により、自然と一体で生活していた時代の叡智を意識して保持している民族も多数存在している。そして、その継承されてきた伝統文化が地球環境の危機を察知し、それを回避する叡智として見直されてきたのである。

自然とはほとんど分離された都会の環境で生活している視点から、伝統文化を色濃く反映した生活を見直すということは一種のバックキャスティングである。先住民族の伝統文化が過去というわけではないが、そこに現代文明の方向に分岐してきた原点を発見することができれば、その時点を基点として、現代文明とは相違する方向を想像することは可能である。実際、アメリカの経済制裁により化学薬品の不足に直面したキューバでは、中国の技術協力により薬品の二割を薬草に転換するという政策に成功している。

筆者は四〇年近く工学という技術文明の領域で研究生活をしてきた。そのような人生を経験してきた現代社会の人間が、各地の先住民族が維持してきた伝統文化を体験したとき、どのような叡智を発見できたかというのが本書の内容である。付近に薬草となる草木が存在しない都会では薬局へ直行せざるをえないし、公園の泉水で遊泳している水鳥を夕食の食材にはできない。しかし、現在でも薬草を利用し、水鳥を食材としている人々の生活から、人類は現代文明の方向をバックキャストできるかもしれない。

第2章　先住民族の叡智

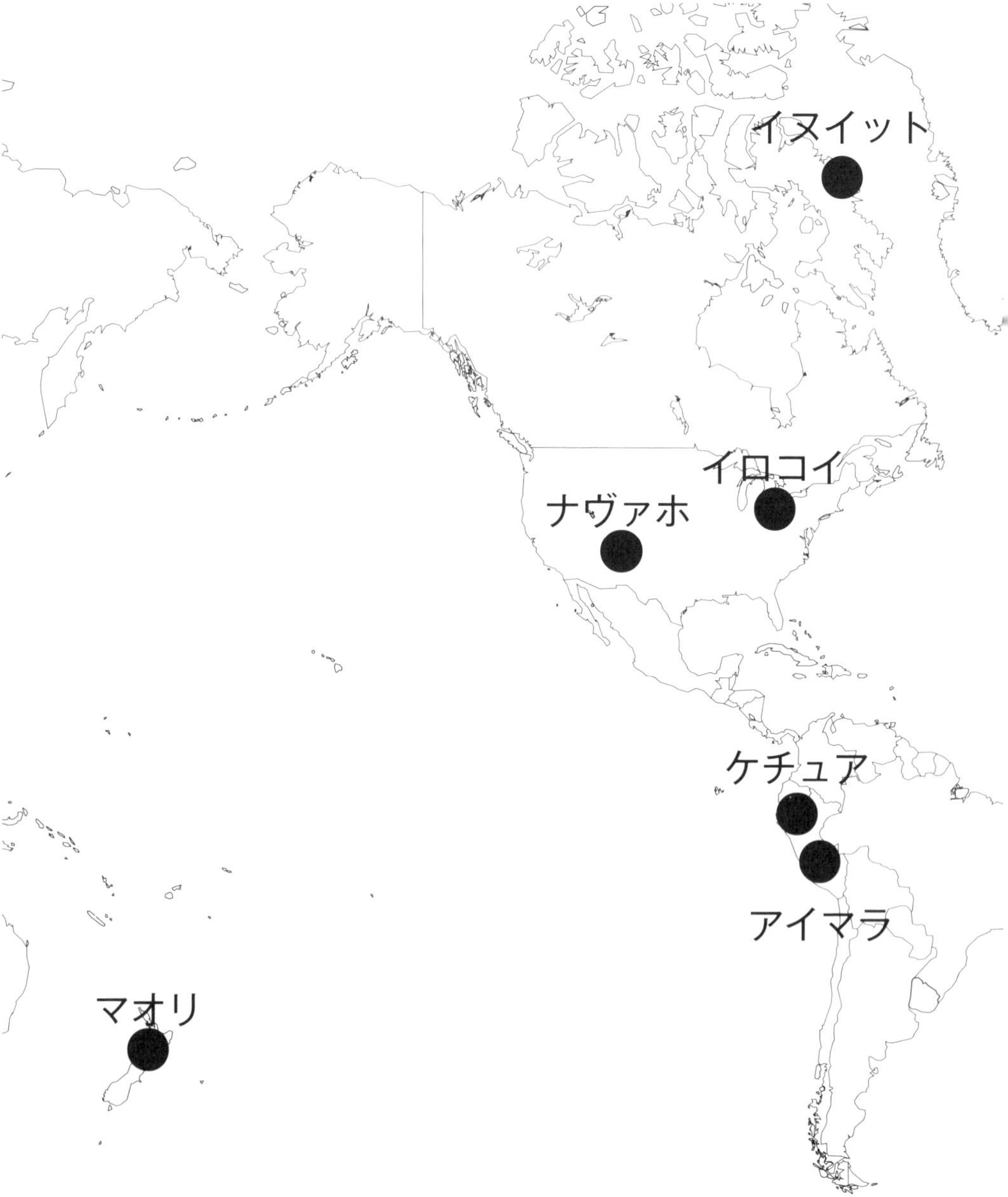
イヌイット
イロコイ
ナヴァホ
ケチュア
アイマラ
マオリ

サーミ
ハルハ
ヌン
ブータン王国
ミクロネシア連邦
アボリジニ

１　共生思想が維持する自然環境（ニュージーランド　マオリ）

１‐１　アオテアロアの発見

南太平洋に存在するニュージーランドは北島と南島を主要な国土とする島国であるが、現在から一億年前にはオーストラリア大陸の東端と陸続きであった。ところが地殻変動で分離され、オーストラリア・プレートの移動とともに現在の位置まで移動してきた。この分離された時期はオーストラリア大陸に哺乳動物が発生する直前であったため、飛翔できる二種のコウモリしかニュージーランドには哺乳動物が到達せず、極楽のような絶海の孤島で生物は独自の進化をし、この島国にしか棲息しない生物が多数棲息してきた。

二四〇〇種類の植物、三五種類の淡水魚類、五二種類の鳥類が固有の生物として確認されているが、有名な動物は飛翔しない鳥類である。捕食動物が存在しないため、鳥類もエネルギーを大量に消費する飛翔をする必要がなく、草叢を徘徊して昆虫や植物をエサとする、カカポ、ウエカ、タカヘ、そして現在のニュージーランドの国鳥に指定されているキウイなどが繁殖した。現在、これらの飛翔しない鳥類は絶滅の危機に直面している。その理由は後述するが、最初にニュージーランドの概要を説明したい。

ニュージーランドは南緯約三五度から約四七度の南北方向に細長く展開する島国であるが、赤道を中心に反転させると、北緯約三五度の大阪から約四五度の稚内に相当する位置になる。面積は日本の約七五％で、標高三〇〇〇メートル以上の山々からなるサザンアルプス山脈があり、火山や温泉が豊富ということでも日本と類似しているが、人口が約四四〇万人と日本の三％程度しかないという差異がある。その人口の約一二％に相当する五〇万人がマオリといわれる先住民族である。

この国家には「ニュージーランド」という英語の国名以外に「アオテアロア」という国名がある。これはマオリの言葉で「白雲のたなびく土地」という意味であるが、いずれも正式の国名になっている。マオリの祖先とされるクペが太平洋上に存在するという伝説の小島ハワイキから小舟で南下してきたとき、洋上の彼方に白雲がたなびいていることを発見し、その下側に陸地があると確信して航海を継続し、ニュージーランドを発見したという伝説に由来する名前である。

このクペが一旦ハワイキに帰還し、南方に陸地が存在することを報告した結果、多数の人々がワカといわれる数十人乗りの大型カヌー七艘に分乗して無人の島々に到達した。これがマオリの祖先であり、紀元一〇世紀のこととされている。現在でも、この七艘のワカに乗船して到来したのが民族の名門とされるが、どのワカに乗船して到来したかによってイウイといわれる集団が特定され、その下部組織であるハプとともに、マオリの社会を構成する基本単位となっている。

飛翔しない鳥類と同様、この快適な島国で平穏に生活していた人々に、一七世紀以降、面倒な事態が発生する。赤道で地球を南北に二分すると、北側は陸地面積が四割、海洋面積が六割であるのに対比して、当時の知識では、南側にはアフリカ大陸と南米大陸の一部しか存在しないので、海洋面積の比率が八割以上になり、回転する地球が均衡をとるためには、どこかに「南方の未知の大陸（テラ・アウストラリス・インコグニタ）」が存在するはずであると推定されていた。

それを発見するための航海が一七世紀から活発になってきたのである。まず一六〇六年冬にオランダのウィレム・ヤンツがニューギニア探検の帰路にニューホラントと名付けた陸地（現在のオーストラリア）の北岸を発見する。一六四二年冬にはオランダのアベル・タスマンがオーストラリアの南側にあるファン・ディーメンス・ラントと名付けた巨島（現在のタスマニア）を発見し、さらに東進してスターテン・ラント（現在のニュージーランド南島）と名付ける陸地を発見し、上陸したときにマオリに遭遇している。

このスターテン・ラントこそ未知の南方大陸と想定されたが、一七六九年秋にイギリス海軍と王立協会に任命された海軍士官ジェームズ・クック、通称キャプテン・クックを船長とする一隊が南米大陸南端の方向から南太平洋に航海し、ニュージーランドの東側の海岸に到着する。上陸をしようとしたが、マオリの抵抗によって十分な調査ができないまま北島と南島の周囲を周航して詳細な地図を作成し、ニュージーランドは未知の南方大陸ではないことを証明してしまう。

この調査報告がヨーロッパにもたらされると、南方大陸発見の情熱は急速に消滅し、その反動としてニュージーランドは捕鯨基地として利用され、さらにイギリスからの移住が開始される。とりわけ一八三〇年代前半にロンドンに植民会社が設立され、一気に移民人口が増大するようになる。ここで楽園に生活していた動物と人間に災難が襲来する。移民たちがネコ、イヌ、キツネ、イタチなどを持込み、それらが飛翔しない鳥類を格好の獲物とし、わずかな期間に三六種類を消滅させてしまうという災難が発生したのである。

図１　ワイタンギ条約が締結された土地

１‐２イギリスによる国土の収奪

人間、すなわちマオリにとっても災難が発生した。土地の収奪である。次々と入植してくるイギリスからの移民が土地を勝手に使用していくため、当然の結果として先住民族と頻繁に紛争が発生するようになる。そこで大英帝国がマオリの族長たちに提案したのがワイタンギ条約である。北島にある首都オークランドから北東へ約一五〇キロメートルの東側の海岸にワイタンギという漁村がある（図１）が、ここで一八四〇年二月六日に大英帝国と四〇数名のマオリの族長が締結したのがワイタンギ条約である。

これは三条からなる簡素な条約で、第一はマオリの人々はニュージーランドの主権をイギリス女王に譲渡する。第二はマオリの人々の土地所有の権利は保障するが、売却の相手は大英帝国のみに限定する。第三はマオリの人々にイギリス国民としての権利を認定するという内容である。現物が歴史博物館内に展示されているが、用紙一枚に英語で記載され、下部に四〇数名の名前と〇や△など簡単な記号による合意の署名が記入されている。その年内には使者が国内を巡回し五〇〇名以上の族長の署名を獲得した。

この条約は先住民族と侵略国家との条約としてはきわめて平等な内容とされているが、実際は高等な詐術である。第一は主権、英語ではソブレンティという言葉であるが、そもそもマオリには主権という概念がないので、当然、言葉もない。そこで造語でカワナタンガと翻訳されたが、根底に概念のない言葉の意味は理解されるべくもなかった。イギリスは大英帝国政府がマオリを支配すると理解していたが、マオリの族長たちの理解は、これまでどおり土地はすべて自分たちに権利があるということであった。

第二はマオリにとって土地は大地の母親パパトゥアヌクに帰属するもので、それを使用させてもらっているだけと認識しているから、個人なり集団なりが私有するという概念が存在せず、一条や二条の意味も理解不能であった。しかも、この条約に関係なく、現実には入植してきた人々による土地の略奪などが続発し、さらに南島で金鉱が発見された影響で移住してくる人口が急増した。その結果、土地の需要が拡大し、一八六〇年にマオリ戦争と名付けられる戦争が勃発し、一二年間の内戦になる。

当初は地形を熟知するマオリの優勢であったが、一八六四年にマオリの勇将レウィ・マニアポトが戦死したことを契機として、武器の優勢なイギリス軍隊が逆転する。それでも断続しながら戦闘が散発し、ついに一八七二年に戦闘が停止する。イギリス軍隊では約一〇〇〇人、マオリでは約二〇〇〇

図２　ツキノ四世の英断で実現したトンガリロ国立公園

人が犠牲になり、一八八一年の和平交渉により正式に終結するが、イギリス政府はニュージーランド入植地法を制定し、参戦したマオリの部族の土地を没収する結果となった。

それ以後一〇〇年以上、マオリはニュージーランドで抑圧されてきたが、近年、不当に略奪された土地の返還を審議する裁判制度が確立され、一例として、二〇〇八年八月二五日には、イギリスからの移民の所有になっていた約一七万ヘクタールの森林がマオリに返還される合意が成立し、過去二〇年間の借地代金として約一八〇億円が支払われている。それ以外にも、マオリ文化はニュージーランドを多様な文化の融合する社会として世界に訴求する役割を付与されるなど、方向転換する傾向にある。

この土地を所有しないというマオリの理

図３　タウポ湖畔にあるナトロイランギの彫像

念を象徴する逸話がある。ニュージーランド北島中央に面積約七九五平方キロメートルのトンガリロ国立公園がある。一九世紀末期にニュージーランドで最初に指定されただけではなく、世界でも有数の歴史をもつ国立公園である。標高二〇〇〇メートル以上の火山が連続する風光明媚な一帯であるだけではなく、マオリにとっては民族の英雄に関係する伝説のある聖地であり、それによって世界複合遺産にも登録されている（図２）。

ニュージーランド最大の湖沼タウポの湖畔の絶壁にマオリ特有の刺青をした巨大な顔面の彫刻がある（図３）。マオリの故郷であるハワイキから渡来し、この湖沼を創造したとされる伝説の勇者ナトロイランギの彫像である。この勇者がトンガリロを探検している途中に吹雪のため凍死しそうになり、故郷の姉妹に救助の依頼をしたとき、灼熱の溶岩が地中を経由してトンガリロまで到着し、その爆発によってトンガリロ一帯が火山になると同時に、英雄も命拾いをしたという伝説である。

その聖地の伝説も入植してきた人々には意味がなく、一九世紀後半には収奪の対象になってきた。そこで、この一帯の族長であったツキノ四世は聖地が私有によって分断されることを回避するために苦渋の決断をし、この土地を永久に開発しないという条件で一八八七年にイギリス女王に譲渡し、聖地が永久に保全される段取りをした。これは人間もしくは民族にとって、もっとも重要なことは土地という物質の所有ではなく、神話や伝承という精神を継承することであるということを明示している逸話である。

１‐３　共有の精神で維持される環境

土地を共有することによって環境を保全するという精神は現代にも継承されている。その実際を確認するため、ニュージーランド北島にあるポリポリ牧場を訪問した。ここは東京ドームの三五〇倍にも相当する一五〇〇ヘクタールという広大な土地に、約八七〇〇頭のヒツジと約一四〇〇頭のウシが放牧されている牧場である。個人が所有しているとすれば相当の資産であるが、ここはトラストとなっており、全体で約一五五〇名の人々が共有している土地である（図４）。

そのトラストの会員の一部の人々に牧場の運営が委託され、それらの人々が職員を雇用して牧畜をおこない、必要な経費を控除した収益が全員に配分され、一部はトラストの会員の子弟の育英資金などに使用する仕組みである。したがって、ここでは土地の売買は発生しない。そのような牧場経営方

図４　共有の土地に展開するポリポリ牧場

法は世界各地に存在するが、環境保全の参考となる特徴は共有されている一五〇〇ヘクタールの土地だけではなく、周辺も一体とした広範な環境についても配慮して牧場が維持されていることである。

牧場を訪問したとき、域内の小川の両側に金網を設置する作業の最中であった（図５）。放牧している家畜が小川を経由して外部に逃亡しないための対策かと質問したところ、この小川に家畜が侵入して糞尿などを排泄すると、その汚染された流水が河口の海岸に流入して環境が汚染されるため、家畜の侵入を排除する金網ということであった。海岸はトラストの会員が共有して牧場としている土地の域外であるが、そのようなことに関係なく広範な環境全体を保護する精神が背後にある。

同様の精神で実施されている作業を別個

図５　家畜が侵入しないための金網

の場所で見学した。何人かの人々が小川の両岸に現地でフラックスといわれる植物を植樹していた。それが周囲の土地から小川に流入する汚水を浄化するためということは推測できるが、重要な特徴は植樹している土地は作業をしている人々が所有する土地ではないことである。土地を共有すると環境が荒廃するというのが一般の理解であるが、マオリの精神を背景にすると、共有という仕組みが環境を保護するためには有効な方法であるということを実証している。

一九六八年にアメリカの生態学者ギャレット・ハーディンが科学雑誌『サイエンス』に発表した「コモンズ（共有する土地）の悲劇」という有名な論文がある。何人かの牧畜業者が存在し、それぞれ私有する牧場と全員で共有する牧場がある場合、だれもが私有の牧場は温存し、最初は共有の牧場に家畜を放牧する。その結果、共有の牧場は短期で荒廃してしまうという皮肉な結果になることを説明した理論である。強欲資本主義の世界では妥当な理論であるが、異質の価値基準の世界には該当しないのである。

有限な資源を共有する社会という視点では、ニュージーランド南島にも参考になる事例があった。南島の中心都市クライストチャーチから北東に約一五〇キロメートルの海岸にあるカイコーラという漁村で、沖合にでて素潜りでウニやアワビやイセエビを漁獲する漁師の小舟に同乗させてもらった。様々な漁獲のうち、自分はアワビしか販売できないという。それぞれの漁師には、自家で食用にする少量を例外として、商品として販売する魚介には漁獲制限が割当てられ、それが厳密に維持されているのである。

これに違反すると、「ラフイ」という制度によって、かつては砂浜に生埋めにされ、満潮のときに溺死するというほどの厳格な処罰がなされていたそうである。共有する浅海の資源保護のためには必要な規制であるが、「ラフイ」制度では、魚介の総量が減少してくると、すべての漁師に均等に削減が割当てられた。ところが、一九八〇年代に導入された西欧型新制度では、収穫が減少してきた場合には、一部の漁師にのみ漁獲の権利を付与し、それ以外の漁師には禁止するということになった。

どちらの制度でも、総量を規制して資源を保護するという効果では差異がないが、全員の機会を平等にするというマオリの精神に比較して、西欧の制度は一種の強者優勢の精神である。グローバリズム、より正確にはアングロ・サクソニズムとでも表現すべき風潮によって規制緩和が推進されてきた結果、世界規模でも日本国内でも格差は拡大し、それが国民の精神の荒廃に影響している。これについても、社会を維持するためには平等が重要というマオリの伝統を見習う価値は十分にある。

有限な資源を私有するという制度が存在すれば、だれもが私有しない地球環境は確実に悪化していく。その典型が地球規模の環境問題、とりわけ大気温度の上昇である。空気は地球の大気圏内を循環し、人間だけではなく、あらゆる生物が共有している自然資源である。そこにだれもが勝手に炭酸ガスを放出してきた結果、自身の生存する環境を危機に直面させている。現代社会の最大の危機の解決を目指すためには、世界の多数の先住民族には当然であった所有しないという社会の仕組みを参考にする必要がある。

１－４日本に共通するマオリの精神

先住民族も現在では文明の利器を利用する。モンゴルの草原に生活するハルハの組立住居ゲルの内部には太陽電池と衛星アンテナで視聴するテレビジョン受像装置がある。オーストラリアの砂漠に生活するアボリジニのカンガルーの狩猟は四輪駆動の車両で獲物を追跡し、旧式ではあるが鉄砲で仕留める。カナダの北極圏内に定住するイヌイットも狩猟場所までは高速モータボートで疾走し、ライフルでアザラシを射撃する。しかし、それでも祖先からの文化を継承する意識は明確で、そこに現代文明が学習すべき内容がある。

そこで最初にマオリの伝統文化を紹介し、学習すべき内容を発見したい。まず訪問してきた人間を味方か敵方か見分ける「ポーヒリ」という儀式がある。かつて部族同士の戦闘が存在していた時代の名残であるが、ヤリを片手にした戦士が目玉を見開き、口内から舌先を突出させて威嚇しながら、独

図６　敵方か見方かを見分けるポーヒリの儀式

特の足取りで接近し、シダを相手の足元に置く。相手が戦士から視線をそらさずにシダを手中にすれば味方、視線をそらせれば敵方となり戦闘となる。これは演技とはいえ一瞬気後れするほどの迫力である（図6）。

そこで目出たく味方と判断されれば、部族の集会施設である「マラエ」という木造建築の正面に案内され（図7）、そこで出迎えてくれる人々と鼻先を相互に接触させる。この「ホンギ」と名付けられる挨拶の意味は、マオリ文化では鼻先に霊魂が存在するとされているので、鼻孔からの気息を交換して両者の霊魂を一体にすることである。さらに前頭と前頭を接触させるが、それによって両者の思想や感情を交換して共有することになる。このような挨拶は現在の日常生活でも普通に実行されている。

図７　マラエの正面で客人を歓迎する人々

日本では顕著であるが、現代の経済社会では、人々が最初に出会うときは名刺を交換し、その企業の名前や相手の肩書で人物を判断することが一般である。相手の人品を直接判断しているわけではないから、時々、詐欺事件が発生する。名刺の存在しないマオリの社会では、場合によっては相手の素性の判断は自分や部族の趨勢を左右する命懸けの仕事であり、「ポーヒリ」や「ホンギ」という人品を直接判断する方法が重要になるのである。現代社会は人々が喪失している本質を見抜く能力を回復する必要もある。

このような面通しで合格となると、部族の代表が歓迎の挨拶をする。この出会いをもたらしてくれた祖先に感謝をしながら友人を歓迎するという内容である。このような儀式は神聖な場所に立入るときにも実行される。一例として、北島で太古の植生が維持されている森林に案内されたときにも、森林の入口で「カラキア」という名前の儀式が実施された。案内してくれる人物が、森林を住処とする先祖の霊魂に感謝しながら、人間と森林や大地が一体になることを願望するという意味の祝詞のような言葉で祈祷するのである。

重要なことは、それらがすべてマオリの言葉によることである。イギリスが支配していた時代には、マオリ文化は抑圧され、独自の言語を使用することが禁止されていた。しかし、現在では英語とともにニュージーランドの公用言語とされ、初等学校でも教育されるようになり、公共施設などでは名称が英語とともに表示されているほどに復活してきた。その背景には長年維持されてきた伝統への自信、復活させようとする強烈な意欲があるが、最大の要因は民族としての矜持である。

ある集団（ハプ）の族長が式典の建物「ファレヌイ」を案内してくれたとき、建物の玄関を装飾する彫刻について、自分は彫刻されている祖先から二四代目の後継であるという説明をしてくれたことがある。そこには一〇〇〇年前にワカ（大型カヌー）で荒海を航海して到着した民族の末裔であるという並々ならぬ矜持が充満していた。また森林を案内してくれたマオリの人物も、ここには自分たちの祖先の霊魂が充満していると説明してくれたが、そのようなときにも同様の気迫を感得した。

1-5 文字を超越した伝承

ニュージーランド北島の中央に人口七万人弱のロトルアという都市がある。一帯はニュージーランドでも有数の温泉地帯であるうえに、人口の三割以上がマオリの人々で、ニュージーランドでマオリ文化がもっとも継承されており、その効果で年間約二七〇万人の観光客数があるという都市である。ここに「テ・プイア」というマオリ文化を展示している国立の施設があり、マオリの資料や儀式の実演を見学することができるが、内部にマオリ美術工芸学校が併設されている。

この国立の学校で教育している主要な分野は彫刻である。マオリは文字を使用しなかったため、民族の記録は口承と彫刻によっていた。その伝統を継承するため、生徒はマオリの若者に限定し、実技を中心に教育している。文字がないということは、普通には伝承内容が制約されるうえに曖昧になると理解されるが、そうではない。一本の木材に神々や祖先の勇姿が彫刻され、手足の位置や刺青の模様などによって詳細な物語を適確に表現することが可能なのである。

彫刻の教官がマラエといわれる部族の中心の建物で、自分が彫刻した作品を説明してくれた。その一本の丸太の表面には最初にハワイキからアオテアロアに到着した一族の祖先から、代々の族長を表現する人物の容姿が彫刻され、一冊の書物に匹敵する物語が一片の木材に記録されているそうである。文字は人間が現在のように進歩してきたことに貢献した必須の発明とされ、文明の重要な手段であったことは間違いないが、彫刻には、文字という抽象された概念の伝達手段では伝達できない概念が記録されている。

その概念を象徴するのがシダである。ニュージーランドには多種多様なシダが繁殖しているが、これらはニュージーランドが一億年前にオーストラリア大陸から分離したとき以来の植物である。マオリにとってシダは神聖な植物で、その形状が民族の系図を表現しているとも看做され、様々な儀式に使用される。それは祖先が到来したとき、この島国一面に繁殖していた植物への記憶である。その伝承された民族の記憶がシダを神聖とする精神の根底にあるのではないかと推察する。

西欧からの侵略によって、一時は断絶の危機に遭遇した伝統文化をマオリの人々は継承する努力をし、その文化の意義を国家も認識し、手厚く保護し発展させる努力をしている。そしてニュージーランドの観光冊子などには、雄大な自然と同等の比重でマオリの文化をニュージーランドの特徴として喧伝している。そのような努力の結果、ニュージーランドは世界でもっとも先住民族との融和に成功した国家とも評価されている。多様という概念が重要とされるようになった現代、これは利点である。

一九六〇年代に、アメリカの科学史家リン・ホワイト・ジュニアが発表した「現在の生態学的危機の歴史の根源」という、社会に論争をもたらした有名な論文がある。その趣旨は現在の環境危機の背景にある思想の根源は一神教的な宗教の教義である、すなわち、人間を選別された存在とすることにより、それ以外の生物と峻別してきたことが環境危機をもたらしたという論旨である。その対極となるのが多神教的な思想であり、大半の先住民族の社会に浸透している思想でもある。

山川草木悉皆成仏という言葉が象徴するような、森羅万象に霊性が存在するという思想は、現代でさえ日本の社会に根強く浸透している。その一例が工場で稼動する産業ロボットにも歌手や女優の名前を付与することである。さらに情報通信分野の先端技術であるユビキタス通信は情報端末を経由して人間がワインボトルの中身の情報を入手するように、人間とモノが情報交換する技術であるが、そのような技術の開発に日本は逡巡しない。しかし、西欧では人間と機械はもちろん、人間と動物さえも区別するのが一般である。

それが人間の利便のために自然を開発することに躊躇しない行動の背景にある思想である。この思想は人間の活動が地球という巨大な環境では無視できる比率であった時代には問題にならなかった。しかし、人間の活動が急速に膨張した結果、前方に鉱物資源の涸渇、化石燃料の涸渇、森林資源の消滅など地球規模の環境問題が登場してきた。そのような時期に先進諸国に分類されながら、先住民族の文化に共通する思想を現在にまで維持してきた日本は、その独自の文化を自信をもって世界に発信する責務がある。

2 南海の島々に展開する伝統文化（ミクロネシア諸島の人々）

2-1 ミクロネシアという地域

地球の表面の七割は海洋であるが、その四割に相当する約一億六〇〇〇万平方キロメートルが世界最大の面積をもつ海洋・太平洋である。東側には南北アメリカ大陸、西側にはユーラシア大陸、北側にはアリューシャン列島が位置し、南側の境界は南緯六〇度線となっている。西欧社会の視点では、一五二〇年一一月に世界一周探検航海途上のマゼラン艦隊が発見したことになっているが、それ以前の荒海に比較し、あまりにも平穏であったため、平和な海洋と名付けられたことは有名である。

地理学的な区分では、赤道を境界にして北太平洋と南太平洋に明快に分割されているが、文化人類学的観点からは、そこに生活する人々の人種や文化を背景にして三種の地域に区分されている。東側半分のハワイ諸島周辺からニュージーランド周辺までの広大な地域がポリネシア、西側半分のうち、ニューギニアを中心とする赤道付近からオーストラリア大陸を除外して南回帰線付近までの区域がメラネシア、ほぼ赤道付近から北回帰線周辺までの区域が今回の対象のミクロネシアである。

そのミクロネシアは東経一三〇度から一八〇度、距離にして東西に四〇〇〇キロメートル、南緯三度から北緯二〇度近くまで、距離にして南北に三〇〇〇キロメートルほどの台形をした海域で、その面積はヨーロッパ大陸に匹敵する規模である。その広大な海域には、ギリシャの言葉で小型の島々を意味するミクロネシアという表現を象徴するように、二三〇〇以上の島々が点在するが、それらの面積を合計しても二八五〇平方キロメートルと神奈川県を上回る程度でしかない。陸地面積は海洋面積の約〇・〇二％である。

ミクロネシアにある主要な島々は赤道以北の西側から順番にパラオ諸島、カロリン諸島、マリアナ諸島、マーシャル諸島、ギルバート諸島、そして赤道以南のナウルに区分される。域内にある島々の一割程度に人間が定住しているが、天草下島と同等の規模の面積約五五〇平方キロメートルでミクロネシア最大のグアムでも人口は一六万人で、ミクロネシア全体でも六〇万人が生活しているにすぎない。しかし、陸地面積あたりの人口密度は平方キロメートルあたり二一〇人にもなり、意外に高密な地域である。

２‐２　転々と変化してきた支配国家

ミクロネシアの人々は文字を使用しなかったので、先史時代の歴史は不明であるが、現在から四二〇〇年以上前には無人であったようであり、それ以後、フィリピン諸島からパラオ諸島などに移住してきたモンゴロイド系統のポリネシア系人、南方からカロリン諸島に移住してきたオーストラロイド系統のメラネシア系人などが祖先と推定されている。この一帯に西欧社会の人々が最初に到来するのは一六世紀で、一八世紀はスペイン王国、一九世紀はドイツ帝国が領有し、二〇世紀になって日本帝国が登場する。

すでに江戸時代から何度も日本人漂流民が到着していた記録もあるが、この地域に日本が本格関与するのは、第一次世界大戦中、日本がドイツ帝国の領有するミクロネシアの島々を占領し、ドイツの敗戦となった戦後、ヴェルサイユ条約によって、グアムを除外した赤道以北のミクロネシアが日本の委任統治になってからである。日本政府は南洋諸島と命名して移民政策を推進し、南洋興発株式会社と南洋拓殖株式会社が中心となり、サトウキビの製糖会社、パイナップルの缶詰会社、鰹節製造会社などが設立された。

一九二二年春にはパラオ諸島のコロールに統治本部・南洋庁が設置され、現地の児童の教育や若者の技術教育を推進する一方、日本からの移民も増加させ、一九四〇年代には九万人近い日本の国民がミクロネシアに生活するほどになり、現代まで日本の影響が残存している。しかし、日本が敗戦した第二次世界大戦後はアメリカの信託統治となった。過去数百年間、支配する国家が転々と変化してきたが、七〇年代からの交渉の結果、一九八六年十一月三日、カロリン諸島がミクロネシア連邦として独立した。

カロリン諸島は七八〇万平方キロメートルの海域に大小約六〇〇の島々が点在している空間であり、東西三〇〇〇キロメートルにもなる海域に、東側からコスラエ、ポンペイ（旧名ポナペ）、チューク（旧名トラック）、ヤップという群島が存在している。ミクロネシア連邦は、それぞれを州名とする四州の連邦国家であり、合計して奄美大島の面積に匹敵する約七〇〇平方キロメートルの陸地に一一万人が生活している。人口約五万四〇〇〇人のチュークでは人口密度が平方キロメートルあたり四二〇人という高密社会である。

前述のように、過去数百年間、ミクロネシア連邦の島々を支配する国家は何度も変化してきたが、オーストラリアやニュージーランドのように広大な陸地ではなかったことが幸運となり、西欧諸国か

図１　ナンマルキによる歓迎儀式

ら進出してきた支配民族が先住民族を駆逐するという悲劇はなく、伝統文化や伝統生活が現在でも維持されている地域である。今回の撮影旅行では、四州のうちポンペイとヤップを訪問し、島国という環境で維持されてきた生活や文化から、現代の社会が参考とすべき叡智を発掘してきた。

２－３維持される伝統の地域社会構造

連邦の首都であるパリキールが存在するポンペイでは、伝統ある農業と、珊瑚礁内での素潜り漁業が維持されているが、同時に伝統ある地域社会の構造も維持されている。島内は五区の行政区画に分割され、現在でも各区に現地の言葉でナンマルキという呼称の酋長が存在している。ナンマルキは、日本では死語になりつつある人格識見で選出され、地区の各人に称号を付与して

図2　儀式の開始の合図となるシャカオの製造

社会秩序を形成する権限がある。この称号は日常生活でも、本名ではなく称号が使用されるほど重要な役割をもつ。

ある地区のナンマルキが主催する歓迎の儀式に招待された。集会のための建物の一段上部の奥座に酋長、周囲に客人が腰掛け、一般の村民は土間に集合する。最初に花輪で客人が歓迎され（図1）、それが終了すると大声の合図で、何人かの若者が石板の上部で植物を小石でつぶす作業を開始する（図2）。これはコショウ科目のシャカオという植物の根茎で、掛声とともに若者が拍子をとりながら作業し、およそ二〇分間の作業で原型がなくなるほどに粉砕され、そこから樹液のみが採集される。

一見、泥水のような樹液には鎮静作用があり、人間をアルコール飲料とは別種の酩酊状態にする効果がある。最近では、観光

図３　家族内部でも権威のある家長

客用にシャカオを提供するバーも登場しているが、ミクロネシアでもポンペイのみに特有の儀式のための飲料である。その樹液は酋長、酋長夫人などに提供されてから、客人、そして最後に土間に集合した村人に提供される。その順番は酋長が各人に付与した称号の位階の順番である。すなわち称号が社会の秩序を構成しているのであり、それを酋長が規定していることになる。

ナンマルキの主催する歓迎の儀式ほど厳格な上下関係は存在しないが、一般の家庭でも長老が大家族制の一族を支配する仕組が維持されており、ある農家に招待されたときも、上座の長老は命令するわけではないが、一族全員が長老を尊敬し、その気持を斟酌しながら行動している様子が明確であった（図３）。それが大変に新鮮な感覚をもたらすほど、日本ではほとんど消滅し

図4　ココナツオイル製造の実験工場

てしまった家長という存在であるが、これらの制度が狭隘で高密な島国での社会秩序を維持しているということである。

2‐4 自立の梃子となる観光

この南洋の楽園にも問題はある。際立った産業がなく、経済の大半がアメリカや日本の援助に依存し、しかも一部の食料を例外として、生活物資のほとんどもアメリカや中国などからの輸入に依存していることである。アメリカは自由連合協定によるコンパクト・グラントという名前の経済援助を実施しているが、その金額はミクロネシア連邦の経済活動の約四〇％、連邦政府予算の約五〇％に相当し、政治形態としては独立したが、経済状態としては自立とは程遠いのが現状である。

もちろん、自立への努力は開始されてい

図5　市場にあふれる果実

る。第一は一次産品の加工による付加価値のある産業の創造であり、現実に開発されているのがヤシの果実からのココナツオイルを採集する産業である。空港に隣接する実験工場での作業を見学したが、ほとんどの工程が人手による作業である（図4）。ある意味では人間尊重の産業ということであるが、実験段階という事情を割引いても、輸出産業とするほどの量的そして価格で本格産業にするのは困難だと予想できる状態である。

ポンペイは毎月の平均気温が約二八度で年間一定であるうえ、世界第二の雨量を記録している多雨地帯である。その影響で市場には多種多様な果実や根菜が山積みされている（図5）が、その栽培方法は独特である。果樹などを栽培している農地を見学したが、日本の農地を見慣れた視点からは

図6　森林と区別のつかない農園

密林としか理解できない光景である（図6）。その密林のなかで栽培する植物に適切な条件の場所に挿木をすれば準備完了で、半年とか一年もすれば収穫という、熱帯地方の自然の恩恵を最大に利用した農法である。

地球の森林は過去一万年間で四割が消滅しているが、主要な原因は農耕牧畜のために樹木を伐採してきたことである。その拡大を阻止するためにアグロフォレストリ、すなわち森林を伐採しない農業や牧畜が注目されている。もちろん、気象条件が適合し、過大な人口の圧力のない地域でしか成立しない方法であるが、この南海の孤島では何千年前から、現代社会が最近になって気付いた農耕が維持されてきた。この持続可能な農法による商品作物栽培も経済の一翼となりうるはずである。

図7　南洋のベネチアといわれるナンマトール遺跡

第二は観光である。カロリン諸島全域で有名な歴史遺産はポンペイにあるナンマトール遺跡である。南東海岸の浅瀬に建設された要塞のような九二の石造の建物で構成される遺跡であるが、建物相互は水路で分離されているため、南海のベネチアとも名付けられ、世界遺産への登録も検討されている（図7）。全体では数千万本と推定される柱状節理の玄武岩質の石柱を積層した構造であるが、その石柱の生産された島内の場所は特定されているものの、建設された時期や建設した人々についての情報は判明していない（図8）。

伝説では、オロショーパとオロシーパという二人の兄弟が西方からカヌーでポンペイに到着し、高台から海面を見下ろしたとき海中に都市の遺跡を発見し、その前面の海岸に建設したのがナンマトールとされて

図８　石柱を組上げたナンマトールの城壁

いる。これは伝説と理解されてきたが、アメリカのオハイオ州立大学が調査したところ、実際に海底に都市の遺構が発見され、伝説には裏付けがあることになってきた。しかし、遺跡は私有地内にあり、人々の信仰もあり、発掘調査もされず、観光のための整備もされていないのが現状である。

観光資源としては、ヤップ諸島を代表としてミクロネシアの島々にはダイビングに適切な場所があるが、現状はグアム空港経由の空路しかないために、日本からは片道が一日仕事になり、しかも運行が独占のため高価である。しかし、日本の政府援助によるポンペイ空港の拡張工事が近々完成の予定であり、その段階では直行の空路の開設が可能になる（図９）。そうなると今度は宿泊施設の規模と品質が課題になるが、いずれは観光がミクロネシアの有力な産業

図９　日本の援助で拡張される首都空港

になることは十分に期待される。

独立から四半世紀以上が経過した現在、ミクロネシア連邦政府は「レインボーネシア」という標語により、観光を中心とした経済の発展を目指している。これは必須の政策である一方、その政策の遂行によって、これまで孤島という環境によって維持されてきた伝統の破壊や消滅が発生することを回避するのは難事である。儀式の神聖な飲料であるシャカオが観光客用に提供されるのは一例である。世界各地の進歩と伝統の調和の成功と失敗を参考に、発展途上諸国の成功事例の手本が実現することを期待したい。

２－５　アイランド・オブ・ストーンマネー

四州で構成されるミクロネシア連邦の西端はヤップであるが、ここが世界に有名な特徴は石貨、すなわち石造の貨幣であり、

図 10　ヤップの道端にある石貨

ヤップは「アイランド・オブ・ストーンマネー」という別名で世界に通用するほどである。島内各所の道端や建物の周囲には何気なく円形の石貨が設置されているが、これは無用となって放置されているわけではなく、現在でも通貨として利用されている現役の貨幣である（図10）。ただし、その価値の決定方法に独特の原理があり、普通の買物などに使用されるわけではない。

経済取引の原初は物々交換であるが、家畜一頭と果物一個では価値の格差がありすぎて交換できないし、その家畜なり果物なりの交換を希望する相手を見出すことも簡単ではない。この問題を解決するために、様々なモノの中間に介在し、どのようなモノとも交換可能な媒体として貨幣が発明された。その貨幣の価値は金貨のように重量に比例して決定されたり、穀物のように容積に比例して決定されるのが一般である。貨幣として使用される物質は様々であるにしても、価値は数量が決定するのである。

ところが石貨の価値は完全に相違した原理で決定されている。そもそも石貨の素材となっている石材はヤップには存在せず、約五〇〇キロメートル西南の彼方に位置するパラオ島産の結晶質石灰岩を材料としている。貨幣を製造しようとするヤップの人々はカヌーでパラオまで遠征し、単純な道具で一年というような単位で石材を円形に加工し、それを再度カヌーで海上を航海し、ヤップまで運搬してきたのが石貨である。直径は最小二〇センチメートルから最大約四メートルまで様々である。

その価値は規模や重量とは関係のない基準で決定される。石貨の製造の途中では人々が怪我をしたり、危険な荒海の航海の途中では死亡したりと数多くの苦労があるが、その製造から運搬までの物語が、それぞれの貨幣に伝説として付随して価値に反映される。さらに過去の持主の人格、取引の事例なども伝説として付加され、これらの伝説の総体が貨幣の価値を決定している。日本の抹茶茶碗の価値の仕組に類似している。その結果、航海の途中で海底に沈没した石貨が、物語だけで取引に使用されている場合さえある。

２-６実体経済を維持する石貨

戦前、日本が南洋諸島を統治していた時代の調査では、ヤップに一万三二八一の石貨が存在していたと記録されているが、第二次世界大戦中に破壊されたり、文化遺産として海外に搬出されたり、洪水などで不明になったりし、現在では半数程度に減少している。石貨以外に貴重な貝殻も貨幣として使用されるが、それらは婚礼や儀礼、賠償や謝罪など特別な場合に現在でも利用されており、文化遺産ではない現役の通貨である。今回の撮影旅行で、石貨による取引の現場を見学する機会があった。

ヤップではすべての土地が私有されているが、見学した取引の内容は、ある人物が別人の所有する土地の一部を息子の宅地として購入することであった。民族衣装で正装した数人の男性が石貨の中央の小穴に通過させた竹竿で、遠方から取引現場に丁重に運搬し、現在の石貨の持主が土地の持主に石貨の価値の源泉となっている伝説を説明する。その伝説の価値と土地の価値が見合うと両者が判断すれば取引は成立し、石貨の持主が交替するという仕組であり、不足のときには貝殻の通貨などで補填して価値を同等にする。

一見すれば、古風な風俗が現代まで維持されているという歴史価値しかなさそうであるが、この石貨は現代社会の経済構造に存在する重要な問題を鋭利に指摘している。貨幣はモノやサービスへの対価を支払うために利用され、これは実体経済と名付けられる。ところが現在では、株式取引や為替取引など、通貨で通貨を売買する仮想経済が存在している。これは極端に表現すれば、コンピュータの内部の情報が変化しただけで、社会に現実のモノやサービスを増大させることはない。

問題は仮想経済の増大は生活水準を向上させないこと以上の罪悪をもたらすことである。世界全体の実体経済は約六〇兆ドルであるが、仮想経済はその何倍にも膨張しており、それによって実体経済が翻弄されている。サブプライムローンの破綻やリーマンショックは典型であり、現実社会へ貢献しなかったどころか、実体経済へは回復に何年もかかる深刻な打撃をもたらした。この遠因は貨幣がモノやサービスと遊離した記号でしかなくなり、その記号を操作するだけの経済が主流になったことである。

ノーベル経済学賞を受賞したインド出身の経済学者アマルティア・センは、仮想経済の横暴を阻止するためには経済に倫理を導入するべきだとの意見であるが、ヤップの石貨は、製造や運搬したときの苦労、取引や持主の履歴を価値とすることにより、センの指摘する倫理を導入しているのである。ヤップの経済も日常の売買にはドルが使用されているが、重要な取引には依然として石貨が利用されている。この維持された文化は現在の異常な仮想経済を再考するための重要な手段である。

２-７星座のみで大洋を航海する技術

もうひとつヤップで有名な伝統は航海技術である。正確には州都コロニアが存在するヤップから一〇〇〇キロメートルほど東方のサタワル周辺の島々が本場であるが、一枚の大三角帆だけを装備した全長一〇メートルにもならない丸太をくりぬいたアウトリガー・カヌーで、海図も磁石も使用せず、ミクロネシア一帯の海域を自由に航海してきた技術である。この技術で自由に航海されるとスパイ活動に利用されるとの懸念から、ドイツ統治時代に禁止され、それ以後消滅したような状態であったが、最近になって復活しはじめた。

一九七五年一二月、その高度な航海の能力を証明する事件があった。沖縄本島で開催されていた沖縄国際海洋博覧会場の沖合に、一枚の大三角帆をもつ全長約八メートル、横幅八〇センチメートルの船室もないアウトリガー・カヌー「チェチェメニ」に搭乗した、冬期にもかかわらず半裸の六人の男性が登場したのである。これはサタワルの偉大な航海術者と尊敬されるルイス・ルッパン船長の指揮のもとサタワルを出帆し、台風を回避しながら三〇〇〇キロメートルの距離を四七日間の航海で走破してきた人々である。

このルッパンは一三年後には福岡で開催されたアジア太平洋博覧会の事前事業として、再度、サタワルから福岡までの航海も成功させている。ルッパンとともにサタワル出身の有名な偉大な航海術者がマウ・ピアイルックである。ピアイルックはアメリカ建国二〇〇年記念事業として、一九七六年春に大三角帆をもつ双胴のカヌー「ホクレア」を操船し、ハワイからタヒチまでの四五〇〇キロメートルを、近代の航法機器を一切使用せず、三一日間で航海するという偉業を達成している。

この航海のために、ピアイルックが事前に準備した行動が、スター・ナビゲーションと命名される民族伝統の航海技術の優秀さを証明している。ミクロネシアの天空には子供のときから精通しているものの、ハワイやタヒチなどポリネシアの星座などについては知識のなかったピアイルックは、ハワイのプラネタリウムに日参してハワイからタヒチまでの航海に必要なポリネシアの天体についての知識を完全に習得し、それ以前に経験のない海域の困難な航海を見事に成功させたのである。

2-8 舞踊で伝達された航海技術

今回、ルッパンの後継であるサタワル出身の偉大な航海術者レオ・チュルグが後継となる若者を指導する現場を見学した。地面にそれぞれの方角の星座に見立てた三二の貝殻を等分の間隔で円形に配置し、最初に、それぞれの星座を徹底して記憶させる。そしてどの方角を目指すときは、どの星座を船首に、どの星座を船尾にするかを、様々な場合について記憶させる（図11）。一見、きわめて単純

図 11　スター・ナビゲーションの教育

な原理であるが、それを完全に記憶することによって、海図も磁石もなしで、自由に大海を航海できるようになるのである。

我々が訪問した時期は、チュルグがヤップとグアムを往復する航海から帰島した直後であった。一時、強風のためにカヌーの行方が不明になり、ヤップ島内は大騒ぎであったが、全員無事に到着した。その由緒あるカヌーに乗船させてもらったが、大三角帆とアウトリガーで構成されるカヌーには、現代のヨットと相違して、金具が一切使用されておらず、木材やツタなど植物素材だけで建造した単純な構造である。それでも洋上を約五ノット（時速約九キロメートル）以上で快適に帆走し、伝統技術の優秀さを堪能した（図12）。

現代のヨットと相違して、船上には金具がないので、船長は二四時間、大三角帆の

図 12　ヤップとグアムを往復してきたカヌー

角度を調整するロープを人力で維持する必要がある。筆者も体験したが、一五分間もすると腕力がなくなるほどの荒事である。風上に航海するときには大三角帆の角度を変更するタッキングという作業が必要であるが、その端部を舳先から船尾に移動させ、木製の操舵部分も同様に移動させるため、毎回、船上は騒動になる。この作業を数十日間こなしながらの航海は、筆者のささやかなヨットやカヌーの経験からしても偉大な航海である。

前述のように、ドイツがミクロネシアを統治した時代以降は遠洋航海を禁止されていたが、その時期に伝統の航海技術を秘密で維持してきた方法がある。民族衣装の腰蓑のみをつけた男子による舞踊である。集落の広場で一列になった人々が手先の動作などで航海に必要な技術を伝承してきたも

図 13　航海技術を伝承する舞踊

ので、民族の執念が表現されている舞踊である。現在も実演される伝承により、伝統の航海技術が再生しているのである。三〇分程の舞踊を見学し、伝統を維持する民族の矜持を実感した（図13）。

２－９ 父系社会に維持される権威

先住民族の社会の大半は母系社会であり、ミクロネシア連邦の島々でも同様であるが、ヤップのみは例外で父系社会である。母系社会は母親が子供との関係を明確に認知しているから自然の状態で維持できるが、父系社会では父親と子供の関係が生物学的には明確ではない場合も存在し、そのような状況で父系社会を維持するためには、家父長制や男性中心主義など男性優位を社会が認知する制度が必要であるとともに、父親には必要以上に父親の権威を顕示

図14　ヤップにある男子の集会施設ファルー

することが要求される。

　ヤップ全体は一〇〇近い村落の集合で成立しており、それぞれの村落は独立意識が顕著である。その結果、村落を統合する酋長の権威は絶大なものとなり、それが父系社会を維持する背骨となっている。村落には集会に使用されるペバイ、男子のみが作業をするファルー、女子のみが集合するダッパルという伝統建築が建設され、酋長はファルーに若者の男子を集合させてカヌーの製造技術や伝統漁法を実地で教育し、それが父系社会を維持する重要な役割になっている（図14）。

　村落内部での共同作業も随時実施されており、ヤップに滞在しているとき、小屋の椰子の屋根の葺替え作業を共同作業で実施する現場を見学する機会があった。酋長は手伝いのために三々五々参集してくる人々

図 15　酋長が指揮する屋根の葺替え作業

に適確に作業を指示するとともに、自身も率先して作業をして統率している（図15）。作業が終了すれば、宴会を開催して労働をねぎらい、このような方法で父権の権威が維持されている。その結果、酋長は威厳と慈愛のある存在となるとともに、伝統を継承することにもなっている。

これは両親が子供を虐待し、子供が家族を殺害する事件が頻発する現代の日本ではほとんど喪失した権威であるが、その日本の現状を証明する人物に出会った。その七〇代半ばの日本の男性は、幼少時代をヤップで生活してから帰国し、日本の職場で定年まで勤務した。そして人生の最後をヤップで生活するために再度移住してきたのである。その理由を質問したところ、大人が大人としての威厳を喪失する一方、子供への愛情が欠如した日本の社会では生活したくないということであった。

　このヤップには、明治維新以降、急速に近代国家を目指してきた日本が見失い喪失した伝統文化が色濃く残存している。かつてそのような文化は出遅れたものと理解される傾向にあったが、現在の日本の政治から経済、そして生活までが崩壊してしまった惨状を眼前にすると、実体経済の基盤となる石貨という貨幣を使用し、小舟で大洋に挑戦する勇気と技術を保有し、それらを統合して父親が権威を維持しているヤップの社会は、現代の日本が再度獲得すべき社会の手本の宝庫なのである。

３　雲上の湖上で究極の地産地消（ペルー　アイマラ）

図１　ティティカカ湖畔にある都市プノ

３‐１　神秘の湖水に浮遊する浮島

南米大陸の南緯約一〇度から南端約五〇度まで、大陸の西側を屏風のように七五〇〇キロメートル以上も連続しているアンデス山脈のほぼ中央に、世界で二〇番目ほどの湖水面積をもつ巨大な湖沼ティティカカが存在している。湖水の中央に国境があり、湖面の六割がペルー、四割がボリビアに帰属する。湖面の標高はほぼ三八〇〇メートルで、エンジンのある船舶が常時航行している湖沼としては、世界最高の高度にある。その標高とともに、青色の湖水は神秘そのものである。

標高六九六二メートルのアコンカグア（先住民族ケチュアの言葉で「岩石の歩哨」という意味）を最高に、六〇〇〇メートル以上の二〇座近い山々が連続しているアンデス山脈は、五〇〇〇万年

図２　湖畔から湖面を見下ろすマンコ・カパックの彫像

前の新生代第三紀の時代から発生した南米プレートとナスカプレートの衝突による隆起によって誕生した世界最大の褶曲山脈であり、ティティカカの湖底も古代の海底がそのまま上昇してきたとされる。一〇万年以前から存在している湖沼を古代湖沼というが、世界でも二〇程度しか存在しない古代湖沼の代表である。

その西側のペルー領内の湾曲した湾内の湖岸にプノという二二万人の人口をもつ都市がある。湖岸から周囲の山腹にかけて建物が密集している都市である（図１）。湖畔の高台には、一二世紀前後にクスコ王国を創設して初代国王となったという伝説の国王マンコ・カパック（同様に「素晴らしい基礎」という意味）の巨大な彫像が、自身が誕生したとされているティティカカ（同様に「偉大なるピューマ」という意味）

図３　湖面を浮遊する浮島

の湖面を見下ろして屹立している（図２）。

この都市はティティカカ湖水観光への出発地点であり、湖岸に多数の客待ちの小型船舶が待機している。大半の人々が目指すのは水路で約三〇分の距離にある湖上のウロスという名前の浮島の集合地帯であり、先住民族アイマラの生活場所である。衛星写真で上空から俯瞰すると、湾外に草木が群生する浅瀬が展開しており、その手前に米粒のような浮島が点々と存在する状態を確認することができる。この世界の奇観とでもいうべき浮島地帯を目指して、我々も小型船舶に乗船して出発した。

３‐２　足元の材料で造成する生活基盤

しばらく湾内を航行していくと、葦原の一部が除去された水路があり、その水路を航行して約三〇分もすると、眼前に何十と

図４　観光の人々を出迎える浮島の住人

いう浮島が登場してくる（図３）。現在では、アイマラの人々の主要産業は観光になっているため、多数の観光用小型船が頻繁に往来し、それぞれの浮島にも観光客誘致用の看板があり、女性たちが色鮮やかな民族衣装で出迎えているという状態である（図４）が、数千年間の歴史があると推定されている先住民族の浮島生活は現在でも健在である。

日本国内にも、一部の湿原には浮島が存在するが、それらは自然に生成した天然の産物であるし、その上部で人間が生活できるほどの規模ではない。しかし、このティティカカ湖上の浮島は人間が構築した人工の産物であり、かつ一個の浮島に数一〇人が日常生活をできるほどの規模である。その浮島を構成する材料は浅瀬に自生している「トトラ」というカヤツリグサの一種（図５）で、この多年草本を根元から切断して

図５　万能の素材トトラ

小束にまとめ、湖面に大量に堆積していくと浮島ができる仕組である。
　トトラで製造するのは土地（浮島）だけではない。外部との往来には小舟が必要であるが、これもトトラ製品である。一般に大型、中型、小型の三種あり、いずれも乾燥したトトラだけで製造されている（図６）。このうち小型は水鳥や魚類の捕獲、大型はプノとの往復や観光などに使用されるが、興味深いのは用足しである。島上で排便すれば環境が汚染される。そこで小舟で陸地まで出向いて処理する。緊急のときのことが心配になるが、長年の習慣で問題ないようである。
　トトラの利用はさらに幅広い。湖上には場合によって相当の風雨も襲来するから家屋が必要であるが、これもトトラの屋根とトトラの壁面で完成であり、内部の寝床も

図6　トトラで製造した小舟

トトラの積層、休憩するための椅子もトトラ、帽子などもトトラの編物である。そして浮島では自家での消費のためにジャガイモの栽培をしているが、その畑地も外部から持込んだ土壌で造成したものではなく、腐食したトトラを材料にして浮島の片隅に畑地を造成し、十分に自給できるほど収穫をあげている。

さらに炊事の燃料さえ乾燥したトトラである。枯草のうえで焚火をするようなもので、火事が心配になるが、素材に適度な湿気があり、問題はないようで、実際に周囲の湖水で漁獲した小魚を焼石で蒸焼きにした料理を用意してくれたが、地面で直接焚火をしても無事であった（図7）。それ以外にもトトラの内茎は間食の食材になっているし、茶は乾燥したトトラを煮出したものである。一説では外敵から逃避して浮島

図７　浮島で焚火をして調理するアイマラの女性

で生活するようになったということであるから、必然の自給自足なのかもしれない。

この浮島地帯の内部で完結している地産地消社会を象徴する行事にたまたま出会う機会があった。ある家族の女性が付近（といっても浮島は常時湖上を移動しているので住所不定）の浮島の男性と結婚することになった。普通であれば身体ひとつで相手の浮島に移動すると想像するが、ここでは女性が生活していた小屋のある浮島の部分をノコギリで切断し、その小島をロープで相手の浮島まで牽引して接合し、それで結婚完了という仕組であった（図８）。結婚さえも地産地消である。

地産地消は世界で急速に注目されている。日本伝統の身土不二の場合には、生活している周囲の食材を食料にするのが健康に最適であるという意味であるし、イタリ

図8　切断された浮島で嫁入りする花嫁

ア発祥のスローフードの場合には、伝統の食品や料理を維持することによって地域の一次産業を再興することが当初の目的であった。マクドナルドが象徴するように、世界を相手にした生産や流通によって食事が画一になっていく潮流に抵抗し、地域に根付いてきた伝統の食材や食事を復興することによって多様を回復させることが目的である。

ところが最近、地産地消の環境問題や資源問題への貢献が注目されている。ニュージーランドから輸入されたカボチャと国産のカボチャと比較すると排出する炭酸ガスが前者では九倍以上になる。同様にアメリカの豚肉は六倍、アフリカのタコは五倍である（図9）。木材についてもアメリカから輸入した木材と地域の木材とでは炭酸ガスの排出に七倍の差異があると計算されている（図10）。ミネラルウォーターについてもアメリカ製品は約一四倍になる。いずれも大量の輸送エネルギーを消費するからである。

一億数千万人の人間が世界有数の高密な状態で生活している日本で、ウロスでのような究極の地産地消は実現できないが、浮島ウロスで生活する人々の生活と対比すれば、食糧の約六〇%、木材の約八〇%、エネルギー資源の約九六%を何千キロメートルという距離を輸送して海外から確保している現在の日本の生活が異常であることは十分に浮彫りになる。資源安全保障の視点からも自給比率を増大させることは必要であり、この究極の地産地消から学習することは多大である。

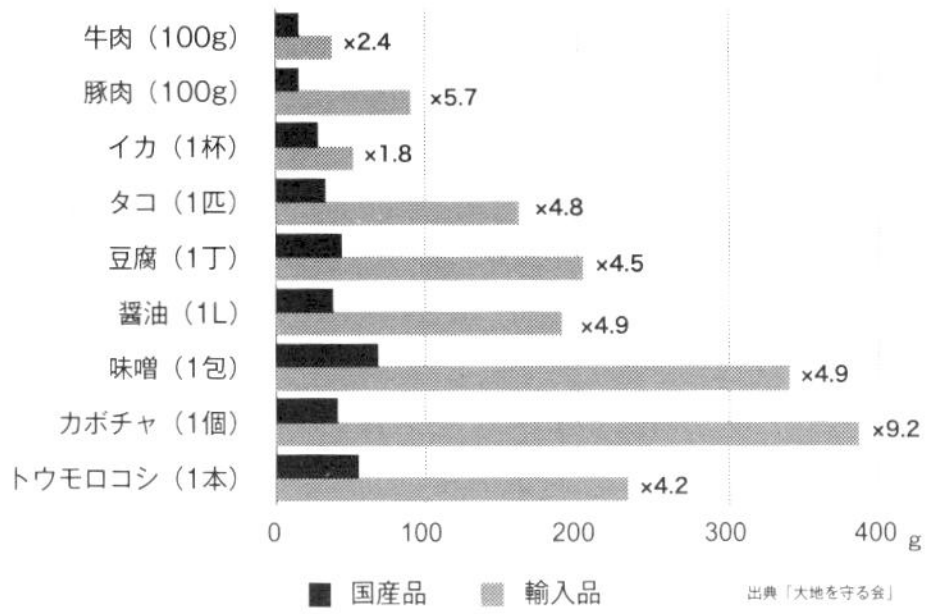

図９　国産品と輸入品の炭酸ガス排出比較

３－３ 世界無形遺産の孤島

この浮島から湖面の中心の方向に小型船舶で二時間半ほど航行すると、彼方に孤島タキーレが登場する（図11）。ウロスの浮島ほどではないが、この千代田区ほどの面積の小島も観光名所になりつつあり、次々と人々が小舟で到着する。最高でも約一二〇メートルの標高しかない小島であるが、全体が標高三八〇〇メートルほどの湖面から突出しているから、宿舎までの荷物の運搬は島民に依頼し、到着した桟橋から中心の広場までの石畳の山道を一歩一歩登山していく難行である（図12）。

世界の僻地ともいえる場所にある小島が一般の人々の興味の対象

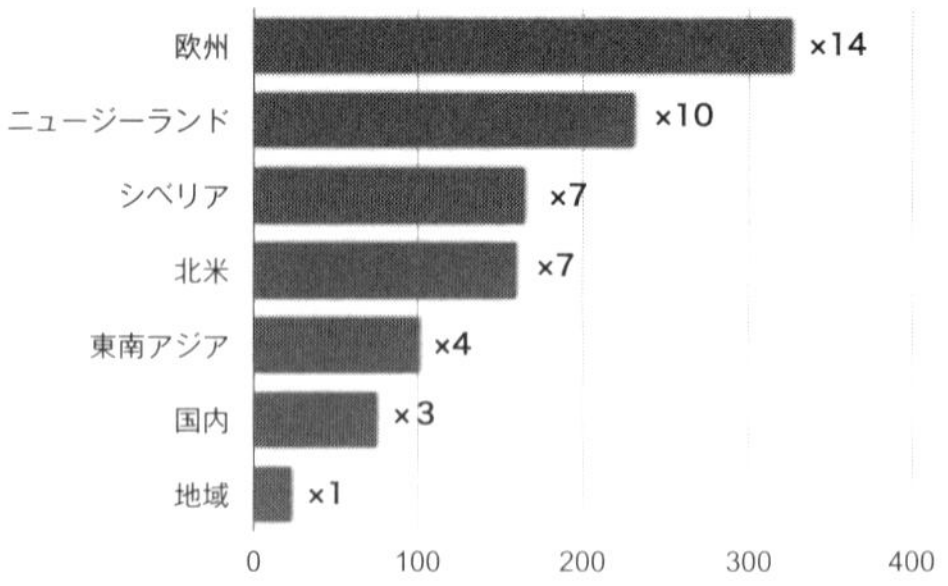

藤原敬「ウッドマイルズ研究ノート（6）輸送エネルギー消費原単位の検討」2005

図10　輸入木材の炭酸ガス排出比率

になりはじめたのは、最近になり、島内の人々が継承している伝統織物の技術が「タキーレとその織物技術」として、ユネスコの「世界無形遺産」（正式には「人類の口承および無形遺産についての傑作の宣言」）に登録されたからである。ちなみに日本では能楽、小千谷縮、アイヌ古式舞踊など二一の遺産が登録されている（二〇一一年現在）。島民は色鮮やかな羊毛を使用して伝統の編物や織物を制作しているが、これも地産地消の産物である。

その一部を見学させてもらった。島内で飼育しているヒツジから採集した羊毛を様々な色合いに染色することから出発する。屋外の焚火で沸騰させた熱湯のなかに、緑色であれば周囲にある草木、紅色であれば樹木に寄生しているカイガラムシの粉末などを混入し、そこに羊毛を投入するだけで染色が終了する（図13）。その染色された羊毛を腰帯にはさみ、男性も女性も、そして大人も子供も関係なく、作業の合間にも歩行のときにも時間があれば編物をしているのである（図14）。

本来は商品ではなく、腰帯は異性への贈物にし、帽子は村内での役職の目印として使用するなどの目的であった。一例として結婚相手への贈物にする腰帯には小島に仮託した幸福な家庭生活の場面を織込んだ複雑な模様を、半年くらいかけて制作するそうである。湖水を見下ろす野原に親戚一同が集合し、仲睦まじく編物や織物をしながら談笑する光景は、現代社会では見掛けない、労働と余暇が渾

図 11　ティティカカ湖上の孤島タキーレ

然一体となった幸福そのものの生活を象徴していた（図15）。

３‐４　地産地消を維持する農法

もう一点、この小島を訪問した目的がある。岩肌が各地で露出しているほど島内の土壌は肥沃ではなく、農業の適地というわけではない（図16）。そこで採用されているのが「スーヨ」と名付けられた輪作農法である。全島を六個の区画に区分し、それぞれの区画の内部に村民は自分の土地を所有する。島内の道路の所々に簡素な石門が建設されているが、これは土地の所有境界を明示しているのではなく、スーヨによる区画の標識である（図17）。ここで以下のような輪作が実施されている。

ある農民は一番の区画の土地でジャガイモ、二番の区画でオカ（根茎を食用にする

図 12　標高 4000 m の湖畔を一歩一歩登山

カタバミの一種）を栽培し、三番の区画は休耕にし、以下同様に、四番はジャガイモ、五番はオカ、六番は休耕とする。翌年は二番の区画にジャガイモ、三番にオカ、四番は休耕、五番はジャガイモ、六番はオカ、一番は休耕というように順番に作物を交替していく。そうすれば特定の土地は三年に一回は休耕になるため、その期間、家畜を放牧などしておけば、土地は地力を回復することになる。

これはタキーレ独自の方法というわけではなく、ヨーロッパで中世以来実施されていた夏穀、冬穀、放牧を繰返していく三圃農法も同様であるし、日本でも隠岐では最近まで実施されていた方法である。しかし、化学肥料の発明によって、そのような農法は衰退していくし、必要であれば食料を輸入できる時代であるが、しばらく以前まで

図 13　地産地消の材料で羊毛を染色

は、外部とほとんど交渉のない隔離された孤島のため、タキーレでは伝統農法が現代まで着実に継承され、自給自足の生活が維持されてきたのである。

タキーレには電気も水道もなく、携帯電話も不通である。しかし、必要な作業は昼間に実行し、日没とともに完全な暗闇となる地上から天空一杯の星々を眺望していると、技術の進歩、生産の拡大、労働の効率など、現在の先進諸国が努力している社会が人間の目指すべきものかどうかが疑問にもなってくる。もちろん七〇億人を突破した異常な人口の世界を維持するためには、タキーレに回帰することはできないが、この孤島の生活から学習すべきことは無数にあると確信する。

図 14　どこでも編物をするタキーレの人々

図 15　湖畔の高台で談笑しながら仕事をするタキーレの家族

図 16　斜面を開拓した段々畑地

図 17　輪作する区画を表示する石門

4　急峻な高地で保全される生物資源（ペルー　ケチュア）

4-1　植物資源の宝庫アンデス

日本は南北に三〇〇〇キロメートル以上も展開している弧状列島のため、自然環境は亜熱帯域から亜寒帯域まで多様であり、その結果、世界でも有数の多種多様な生物が棲息している地域である。哺乳動物は一九〇種類近くが棲息し、その約二二％の四一種類が日本固有、両生動物については六一種類のうち七四％の四七種類が日本固有である。植物についても同様であり、五五六五種類の高等植物のうち三六％の二〇〇三種類が日本にのみ生育している固有の植物である。

同様の島国であるイギリスと比較すると、日本の多種多様が際立っていることが明確になる。イギリスには五〇種類の哺乳動物が生存しているが固有の種類はゼロ、両生動物はわずか七種で固有の種類はゼロ、高等植物は一六二三種類が生育しているが、固有の植物は一六種類でしかない。それは日本の国土面積の七割程度が森林であるのに、イギリスでは産業革命のエネルギー資源として広大な森林を伐採してきた結果、残存している森林は約一二％でしかないという事情が反映している。

しかし世界には日本と比較にならないほど多種多様な生物が存在している地域は多数ある。その代表が南米大陸の西側に位置するペルーである。ここは南北の距離は二〇〇〇キロメートル程度でしかないが、日本の三・四倍の国土面積があり、しかも、標高六〇〇〇メートル以上のアンデス山脈の高地から太平洋岸の海岸地帯、大河アマゾンの源流の熱帯雨林からアンデス山脈西側の砂漠地帯まで、きわめて多種多様な自然環境が存在している。その結果、日本以上に多種多様な動物と植物が生存している。

とりわけ世界規模で豊富なペルーの生物は高等植物であり、地球に存在する二〇万種以上の一割に相当する約二万種が国内に生育し、そのうち約二七％に相当する五五〇〇種類はペルーにのみ生育している固有の植物である。二一世紀は情報の世紀、淡水の世紀、宇宙の世紀など、様々に命名されているが、生物科学の世紀でもある。その時代にペルーは生物資源の宝庫とでもいうべき資源大国なのである。しかし、単純に多種多様な植物が生育しているだけではない。

４－２　地域社会を維持する制度

この南米大陸のアンデス山脈の高地で生活している人々がケチュアである。現在から二万年前の最終氷期の時代に、ユーラシア大陸に生活していたモンゴロイド系統の人々の一部が陸続きとなったベーリング海峡を経由して北米大陸に移動し、一部は南米大陸の南端まで到達し、ヤーガンといわれる民族になっているが、それらのなかで途中のアンデス山脈一帯の高地に定着した人々がケチュアであり、現在でもエクアドルからチリまで一〇〇〇万人程度が生活している。

このペルーを中心とするアンデス山脈一帯には、かつてインカ帝国という広大かつ強大な国家が存在していたことは有名である。その帝国を創設したのがケチュアであるが、その言葉では「タワンティン・ユウス」が正式名称である。タワンティンは「四」、ユウスは「州」という意味であり、首都クスコを中心に北部の「チンチャイ・ユウス」、東部の「アンティ・ユウス」、南部の「コリャ・ユウス」、

図1　インカ帝国の首都であったクスコ

西部の「クンティ・ユウス」の四州で構成され、首都からは街道が整備されていた。
世界の大半の先住民族と同様に、ケチュアも文字を使用しなかったために建国の歴史は明確ではないが、いくつかの創造神話が現代に伝承されている。一例としてインティ神話を紹介すると、太陽の神様であるインティがティティカカの湖水から男子のマンコ・カパックと女子のママ・オクリョを誕生させ、二人は地下の通路を通行して北上し、クスコに父親であるインティを賛美する神殿を建設するとともにクスコ王国を創設し、初代国王になったとされている。一二世紀のことである。
考古学的資料などを加味すると、マンコ・カパックが創設した都市国家であるクスコ王国の国王パチャクテク・クシ・ユパンキは一四三八年に即位すると同時に壮大な遠

図2　洪水で崩壊した市街

征を開始し、一気に版図をアンデス山脈北部の全域に拡大し、首都をクスコとするインカ帝国が実現した(図1)。その盛期には、帝国は八〇の民族からなる人口一六〇〇万人という規模であったとされる。二〇世紀の最大の考古学的発見で現代の世界七不思議とされるマチュ・ピチュもパチャクテクによる建設とされている。

ここからは周知の歴史であるが、スペインとポルトガルが世界を二分するほどの勢力であった一六世紀に、スペイン人征服者フランシスコ・ピサロが中米のパナマを経由して一五二六年にインカ帝国に到来するが、一旦帰国する。再度一五三二年に征服に到来したとき、インカ帝国では内戦が勃発して国家が弱体となっており、ピサロの一行は一六八名の兵士と一基の大砲という規模であったが、皇帝アタワルパを幽閉し

図3　アイニという互助制度で休耕畑地を開墾

て処刑し、以後、多少の攻防はあったものの、一五七二年に帝国を消滅させた。

二〇一〇年一月末、大雨によって急流ウルバンバが氾濫し、世界遺産にも登録されているインカ帝国の遺跡マチュ・ピチュへの鉄道と道路が寸断されて孤立するとともに、多数の集落が洪水で崩壊するという災害があった。たまたま、その災害の直後に付近を通過したが、家屋の大半はアドベという日乾し煉瓦で構築されているため、水浸しになると簡単に崩壊してしまうという状態であった（図2）。このような施設の構造にも伝統が浸透しているが、社会の構造にも伝統の制度が維持されている。

かつて日本の農村にも相互扶助の仕組が存在し、田植や刈入は村中総出で実施されていたが、ペルーには現在も「アイニ」という相互扶助制度が維持されている。農地

図４　自宅の土間で飼育されているクイ

の大半は急峻な斜面にあるから耕作機械は使用できず、人力仕事になる。そこで農地を開墾するときなどには、近隣の人々が協力して作業をする仕組である。実際に数年休耕していた畑地を開墾する共同作業を見学したが、地域固有のスキを持参した人々が近隣から集合し、相当の面積を半日で開墾してしまっていた（図３）。

相互扶助であるから、支援された家族は別途の機会に返礼として支援に出向くという方法で相殺しているが、仕事の当日も、まったくの無償の奉仕というわけではなく、金銭の謝礼ではないものの、仕事の休憩時間には「チチャ」というトウモロコシを醸造した地酒を提供し、仕事が終了すると手伝ってくれた人々を晩餐に招待する。それぞれが裕福ではないが、支援された家族は、できうる最高のもてなしをすること

図５　アルパカの刈取りをする高地の家族

が当然の義務となっており、女性は早朝から料理の準備に大忙しである。

その料理のなかで最高の料理が「クイ」の丸焼きである。ケチュアの人々の食事の中心はジャガイモ、トウモロコシ、様々な豆類であるため、不足する動物蛋白を補充するのがクイである（図４）。一間の土間のみの家屋の内部で飼育されているクイを手掴みにして絞殺し、内蔵を除去して体内に香草を詰込み、カマドの遠火で一時間近くかけて丸焼きした料理である。鳴声からクイと名付けられた動物は、日本で「テンジクネズミ」と翻訳するのでゲテモノのようであるが、北京ダックに匹敵する美味である。

また「トレケ」という物々交換の仕組も存続している。高地ではアルパカの放牧で生活している人々も存在する（図５）が、その羊毛を「アグァヨ」という風呂敷包みで半日かけて低地まで山道を徒歩で運搬し、農家を訪問して乾燥したジャガイモ「チューニョ」や薬草などと交換して帰宅するのであるが、見知らぬ家庭とでも交換が成立している。この「アイニ」という相互扶助と「トレケ」という相互信頼の仕組が何千年間も地域社会を維持してきたのである。

４－３ 世界を救済したジャガイモの故郷

一九二〇年代、ソビエト連邦の植物学者ニコライ・ヴァヴィロフは地球全域の植物の状態を調査し、世界各地の主要な食料となっている栽培植物の原産の場所は一二地域程度に集中しているという結論に到達した。この理論は「遺伝資源の多様性中心説」として有名となり、その地域は「ヴァヴィロフ・センター」と命名されている。それらは熱帯アジア、南西アジア、地中海域、アビシニア地域、中央アメリカ地域などであるが、アンデス山脈も重要なセンターである（図６）。

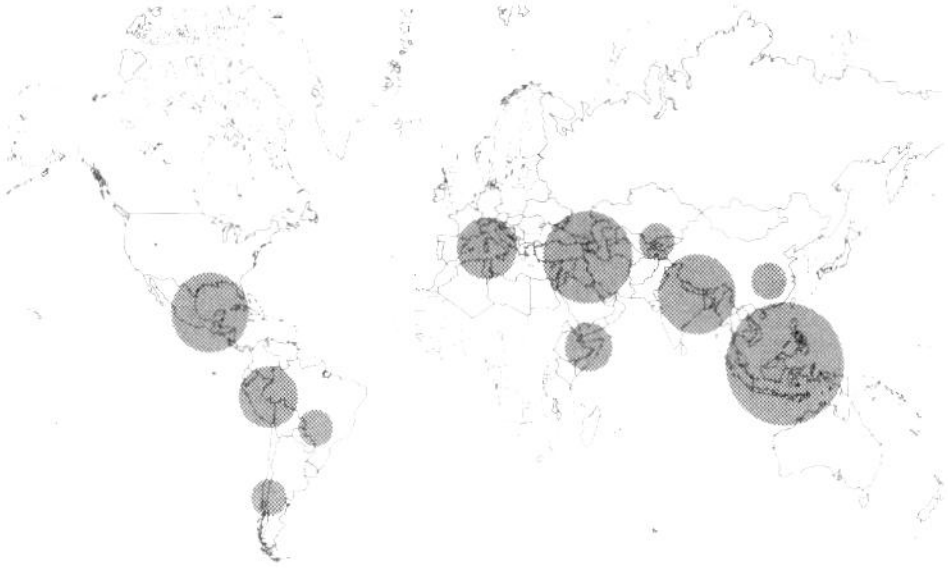

図６　ヴァヴィロフ・センター

アンデス山脈原産の栽培植物としては、豆類としてインゲンマメやピーナッツ、塊根としてマカやオカ、果実としてパパイヤやトマト、果菜としてトウガラシやカボチャ、さらにタバコやワタなど多数が存在するが、とりわけ重要な栽培植物はジャガイモである。先史時代の人類は一五〇〇種類以上の野生植物を食料にしていたが、現在では農地で栽培される植物は二〇種類程度に減少し、それらで人類の栄養の約九〇%を供給している。そのなかの重要な一種がジャガイモである。

インカ帝国を滅亡させたスペイン人侵略者は大量の金銀を略奪して本国に帰還したが、その財宝とは比較にならないほど価値のある宝物をヨーロッパにもたらした。ジャガイモである。ジャガイモの新芽は有毒なアルカロイドを含有しているため、帰還する船中で発芽したジャガイモを船員が食事の材料として中毒症状となり、一時は「悪魔の植物」とされていた。そのため当初、ヨーロッパでは食用としてではなく、花卉を鑑賞する植物として栽培するのが一般であった。

しかし、ジャガイモはトウモロコシが生育できない寒冷の土地にも栽培可能、砂地のような土壌でも栽培可能、一年に複数回数の栽培可能などの特性のため、次第に世界各地で救荒作物として栽培されるようになり、これまで何度も飢饉を救済してきた。その価値を証明するのが、一九世紀のアイルランドで発生したジャガイモ飢饉である。土壌が貧弱なアイルランドではジャガイモが主要作物になっていたが、疫病による枯死で食料不足となり、当時のアイルランドの人口の約二〇%が餓死したとされている。

4-4 インカ帝国の実験農場

インカ帝国の首都クスコから山道を東側に一時間半ほど移動したモライという場所に、インカ帝国の実験農場と推定されている遺跡がある。火山の火口のような窪地に円形劇場のような階段が建造されているのであるが、約一五〇メートルの標高の差異を利用し、様々な環境条件でジャガイモやトウモロコシを栽培していた。そのなかの優良な品種を育成し、農民に種苗を配布していた施設である。

図７　モライの実験農場遺跡

その精緻な土木技術とともにインカ帝国の文化水準が高度であったことを証明する遺跡である（図７）。
　この文化は現代にも継承されている。モライの遺跡の南東方向に、市街の広場で開催される市場で有名なピサックという村落がある。その中心から約一時間の山間に「ポテトパーク」という施設がある。公園とはいうものの伊豆大島に匹敵する面積で、標高三〇〇〇メートルの高原から五〇〇〇メートルの高山に展開している広大な施設である。アンデス山脈には現在でも数千種類のジャガイモが存在しているが、そのうち数十種類を保存し改良しているのである（図８）。
　ジャガイモの利用について、もう一点重要なケチュアによる貢献は保存方法である。アンデスの高地の五月から六月は日中

図8　現代の実験農場ポテトパーク

の気温は一〇数度になるが、夜間は零度以下になる。その時期に屋外にジャガイモを数日放置すると、寒暖の変化のためにジャガイモが柔軟になる。それを足踏みして内部の水分を流出させ、再度、天日で乾燥させると何年でも保存できる状態になる。これが「チューニョ」といわれる加工食品であり、同時にジャガイモの毒抜きの効果もある。

4-5 資源争奪を転換すべき未来社会

スペイン人征服者がわずか一六八人の部隊でインカ帝国を征服できたのは、鉄砲と騎馬の威力であったが、そのウマが高地の影響で妊娠しないために困惑していた。そのとき、アンデスの人々の情報により、マカ（アブラナ科多年生植物）を飼料としたところ、繁殖の能力を回復したという逸話がある。ジャガイモのみならず、アンデスの土地は西欧社会に様々な遺伝資源を無償で提供してきたが、その代償は征服であった。しかし、この不当な交換は最近では成立しなくなりつつある。

二〇〇五年に開催された愛・地球博覧会で、アンデス共同館内で提供された「カムカム」という清涼飲料が話題になった。これはアマゾン源流地域原産のカムカムという、レモンの約六〇倍のビタミンＣを含有する果物を原料とした飲料である。ところが翌年、ペルー政府がＷＴＯドーハ開発アジェンダ交渉の会議にカムカムの生物特許を提出した。ペルー政府の立場からは、他国がカムカムを原料とした飲料を商品にすることは「バイオ・パイラシー（生物資源の盗用）」に相当するという主張である。

これまで南米大陸やアフリカ大陸では多数のバイオパイラシーが発生している。有用な植物を発見し採集するプラントハンターと名付けられる人々が熱帯雨林の奥地などへ進入し、先住民族が利用していた数多くの有用植物を先進諸国へもたらしてきた。マラリアに効果があるキナノキの樹皮も南米大陸の先住民族が使用していることを一七世紀に発見し、一九世紀にエクアドルで採集されたキナノキをセイロンなどで栽培することで世界の大量の需要に対応することができるようになった。

南米の先住民族がゴムを使用しているという情報は一六世紀から西欧諸国に伝達されていたが、安定しない物質で利用価値はなかった。しかし、一九世紀中頃にチャールズ・グッドイヤーが安定な物質に変化させる加硫方法を発明し、価値が急騰した。そこでイギリスはブラジルからパラゴムノキの種子を持出してマレーシアなどで栽培し、重要な輸出商品とすることに成功した。一九一二年にブラジル政府がゴムノキの防衛計画を作成した時期には合成ゴムが発明され、原産地域に恩恵は到達しなかった。

これらは先進諸国が発展途上諸国から生物資源を搾取してきた膨大な事例の数例でしかないが、最近になって、この問題が国際会議の重要な主題になるようになった。前述のカムカムの特許出願は一例であるが、二〇一〇年一〇月に名古屋市で開催された生物多様性条約第一〇回締約国会議（ＣＯＰ一〇）では、遺伝資源の利用から発生する利益の公正かつ衡平な配分が主要な議題になり、先進諸国による過去のバイオパイラシーについての補償も議論される時代が到来した。

人類は地球の歴史からすれば一瞬ともいえる短期に異常な発展をしてきたが、その発展を支援してきたのは地球が蓄積してきた資源の収奪である。その結果、近代社会の歴史の裏面は資源争奪の歴史でもあり、舞台の大半は先住民族が生活している地帯であった。しかし、その発展を推進してきた金銀や銅鉄などの鉱物資源も石油や石炭などの化石資源も枯渇を眼前にしている。その結果、最近では資源採掘の利権確保の最終戦争とでも表現すべき時代に突入している。

しかし世界を見渡すと、この戦争は鉱物資源から生物資源に対象が転換しそうな気配である。問題は、生物資源を現代まで営々と保存してきた人々の努力に感謝することもなく、先進諸国が営利目的で占有することに暗躍していることである。しかし、生物資源は太陽が存在することを前提とすれば、無限に持続可能な資源である。過去数千年間、有限の資源を争奪することで形成されてきた社会構造を方向転換し、長期に持続する社会構造を構築する時期であることを、アンデスの生物資源は暗示している。

５アメリカが見習った先住民族の精神（アメリカ　イロコイ）

５‐１アメリカ国内にある独立国家

様々な意味で世界最大最強の国家であるアメリカ合州国内に独立した国家が存在していると紹介すると、大半の人々は冗談としか理解しないはずである。アメリカは連邦制度によって成立している分権国家である。したがって連邦を構成する五〇の各州は、それぞれ独自の立法機関を設置し、独自の憲法や州法によって社会を維持している。連邦の法律も存在するが、通商や破産や知的財産など限定された分野についてのみであり、日本の都道府県とは比較にならないほどの独立した権限を保有しているが、その意味ではない。

それは外部からは「イロコイ連邦」、自国の国民は「フーデノサウニー（ロングハウスを建設する人々）」と名付けている国家で、アメリカとカナダの国境に存在する五個の巨大な湖沼（グレートレイクス）のうち、四国に匹敵する湖面をもつ第五の湖水オンタリオの南岸に展開している。当初はモホーク、オネイダ、オノンダーガ、カユーガ、セネカというアメリカ・インディアンのイロコイ五族によって構成されていたが、一八世紀前半に新規にタスカローラが参加して、六族からなる連邦国家となっている。

この国家の成立の経緯は後述するが、独立国家であるという状況をいくつか紹介してみる。六族のうちオノンダーガは独立を明確に表明しており、アメリカ合州国国務省が発行するパスポートではなく、自国で発行するパスポートを保有しているし、セネカも海外へ渡航できるパスポートを発行している。日本はイロコイ連邦を承認せず、これらのパスポートを無効としているが、承認している国家もあり、現地で面会したフーデノサウニー国民の一人は、自国のパスポートでボリビアに入国したときのスタンプを提示してくれた。

独立を一層明確にする事件が一九七三年冬に発生するが、事件の経緯を説明するためには、その八三年前に発生した白人によるインディアン虐殺事件を紹介する必要がある。一八九〇年一二月、白人に迫害され飢餓状態にあった部族スーが第八騎兵連隊に命令されてサウスダコタのウンデッド・ニー河畔で野営していた。そこに第七騎兵連隊の残党も参加し、ジェームズ・フォーサイス大佐が指揮する軍隊が、野営していたアメリカ・インディアン二〇〇名以上を虐殺した「ウンデッド・ニーの虐殺」という事件が発生している。

その因縁の土地で、再度、一九七二年冬にオグララ部族の男性が白人に虐殺され、それへの抗議として、翌年二月に多数のアメリカ・インディアンの部族から三〇〇人以上が集合してウンデッド・ニーを七一日間、占拠する事件が発生した。その中心人物であったオジブワ部族のデニス・バンクスがアメリカ合州国連邦捜査局（FBI）の追跡から逃亡してイロコイ連邦のオノンダーガ国内に亡命したとき、FBIは入国を拒否され、デニス・バンクスを追求できなかったという有名な事件もある。

5-2アメリカ・インディアンの歴史

この独立国家の主役であるアメリカ・インディアンの歴史を最初に整理しておきたい。一五世紀末期にクリストファ・コロンブスがカリブ海域に到達し、北米大陸を発見したと錯覚していた時代、北米大陸には一〇〇〇万人、中央アメリカには四一〇〇万人、南米大陸には四〇〇〇万人など、合計すると九〇〇〇万人以上の先住民族が南北アメリカ大陸に生活していたと推定されている。当時の世界の人口約五億人の二〇％近くがヨーロッパの人々には未知の大陸で生活していたのである。

これらアメリカ大陸の先住民族ネイティブ・アメリカンとされる人々の起源については諸説あるが、現在より平均気温が四度以上低下していた一万五〇〇〇年前から一万四〇〇〇年前の最終氷期の時代に、シベリア地方から、海面の低下によって陸橋となっていたベーリング地峡を経由してアメリカ大陸に移動してきたというのが通説となっている。それ以後、きわめて短期に中米を経由して南米大陸の南端まで移動し、チリ南部には一万二五〇〇年前の先住民族の遺跡が存在している。

しかし、一六世紀になって、インカ帝国を滅亡させたフランシスコ・ピサロやアステカ王国を侵略したエルナン・コルテスに代表されるスペインが金銀など財宝を追求して南米大陸を席巻し、一七世紀には宗教の相違から迫害されていた人々がイギリスから北米大陸に移住をはじめ、その結果、先住民族は侵入してきた無礼な人々によって、先述のウンデッド・ニーの虐殺事件が象徴するような戦闘で大量虐殺されたり、免疫のない病気に感染して大量に死亡したりして、急速に人口を減少させてきた。

それでも現在、アメリカ合州国内には約二六〇のアメリカ・インディアンのグループが残存しており、約一五〇万人が生活している。それらの人々が自由に生活していた土地は一八八〇年代には約五六万平方キロメートルであったが、アメリカ政府の狡猾な制度によって次々と収奪され、現在ではアメリカ各地に分散した国土面積の二％に相当する約二〇万平方キロメートルの保護地区で生活しているにすぎない。さらに人間のみならず、アメリカ・インディアンの主要な食料であったアメリカ・バイソンも絶滅寸前にされた。

５‐３　一人の若者が実現させたイロコイ連邦

この現存する約一五〇万人のアメリカ・インディアンのうち、アメリカ国内に生活する約八万人、カナダ国内に生活する約四万五〇〇〇人の合計一二万五〇〇〇人程度がイロコイ連邦を形成する六族で、最大のモホークが三万人弱、オネイダが約一万五〇〇〇人、セネカが約七五〇〇人、オノンダーガが約一六〇〇人という規模である。この六族のうち、当初からは参加していなかったタスカローラを除外した五族は、現在から数百年前には抗争の連続という時代の渦中にあった。

そのような抗争の時代に、オンタリオの湖水の彼方からオノンダーガ（一説ではモホーク）の一人の若者ハイアワサがカヤックで地域に到来し、人々に平和に生活することの重要さを説明し、抗争を終了するように説得する。最初は一人として相手にする人間は存在しなかったが、激流に落下しても数日してから生還するなど様々な秘跡を実現し、次第に信奉する人々が増加し、ついに一六世紀中頃に五族の人々が平和に共存することを誓約することになり、イロコイ連邦が実現する。

この行動から、ハイアワサには「ピースメーカー」という称号が付与されている。その指導によって五族が誓約の儀式を開催したとき、ハイアワサは一本の矢は簡単に手折れるが五本の矢を一緒にすれば手折れないという、毛利元就の三本の矢の故事に類似する訓話を説明し、それぞれの部族が所有

図１　イロコイが武器を埋設したホワイトパイン

するすべての武器を放棄させ、ホワイトパイン（ストロブマツ）の根元に埋設させる（図１）。そのときホワイトパインの先端に、現在ではアメリカの国鳥とされるホワイトイーグルが一羽降下してきた。

オンタリオ南岸の東側から西側に六族の領地が並列するイロコイ連邦の中央がオノンダーガの領地である。その中心部分に一棟の細長い丸太小屋があり、これが六族の代表が集合して議論をする場所となっている（図２）。内部の撮影が許可されないほど神聖な建物であるが、一六世紀中頃の建国以来、イロコイ連邦の方針は、ここで議論され全員一致の場合のみ決定されてきたのである。建物はアメリカ・インディアンの言葉でフーデノサウニー、英語に翻訳するとロングハウスと名付けられ、国名の由来となっている。

図2　イロコイの議会建物ロングハウス

5‐4 イロコイ連邦の制度を導入したアメリカ

オネイダ族の土地にあるイロコイ連邦の広報施設には、通称「ジョージ・ワシントン・ベルト」という約二メートルの帯状の歴史的記念物の複製が保存されている。文字を使用しないイロコイ連邦の人々が、一七九四年のアメリカ政府とイロコイ連邦との誓約を記録したもので、紫色と白色の貝殻で、中央にロングハウスの模様、そこから左右にイロコイ連邦の東西を防衛するモホークとセネカを象徴する人物、さらに両側に六人と七人の人間の模様が作成され、全員が握手する一連の模様になっている。

その誓約を西欧流儀で記録した書類が同年一一月一一日に締結された「カナンデグア条約」で、アメリカ政府とイロコイ連邦は対等な立場で主権を尊重し、相互の領土を侵略しないと記述されているが、それ以後もアメリカ政府は条約の精神を完全に無視して先住民族の土地を略奪し、人々を大量に虐殺してきた。しかし、この条約は建国当時の両者の関係が対等であったことを明示する証拠としてだけではなく、様々な側面で新生国家アメリカが先住民族の制度や文化を規範としたことを示唆している。

それを象徴するのがアメリカの国璽（シール）の表側の図形である（図３）。円形の中央に両足を開脚した一羽のホワイトイーグルが鎮座し、右足は一三の葉と実のあるオリーブの小枝、左足は一三の矢を掌握している。一三は合衆国建国一三州を意味するが、ホワイトイーグルと一三の矢はハイアワサの指導によるイロコイ連邦建国の故事そのものである。それ以外にも、ベンジャミン・フランクリンが起草したアメリカの憲法の雛形にある言論や信教の自由、選挙制度などはイロコイ連邦の仕組に影響されているといわれる。

図３　アメリカの国璽

かつては民主主義の象徴であったアメリカ社会の精神が、アメリカが独立を宣言したときより二〇〇年以上も以前の先住民族アメリカ・インディアンの社会が工夫した制度や伝統を大幅に導入したというと奇異な印象であるが、一九八八年、アメリカ連邦議会は、アメリカ合衆国建国時に一三の地域が連合して結成した同盟はイロコイ連邦の開発した政治体制に影響された仕組であり、イロコイ連邦の民主主義の原則がそのまま反映されているということを正

図４　イロコイが生活していたロングハウス

式に決議して感謝している。

５‐５　女性優位の二一世紀への期待

イロコイでの最高の決定権限は「クランマザー」という呼称の女性に付与されている。イロコイの六族が決議をする場所であるロングハウスの形式は、議会の建物だけではなく人々の住居にも適用されている。木材の骨組と樹皮の壁面で建築された縦長の巨大な建物には四〇人近い人々が集団で生活していた（図４）。その集団は長老の女性を頂点とする拡大家族であり、世界各地の先住民族に共通するが、男性は結婚すると女性の家族に婿入りし、子供も母親の家系に帰属する制度である。

子供たちの名前をつけるのもクランマザー、部族の酋長を決定するのもクランマザー、議会での議論を調停するのもクランマザーの役割である。現在の世界を見渡すと、ドイツ、フィンランド、アイルランド、フィリピンなど女性が元首である国家が増加しているし、フィンランドでは閣僚の六割が女性、フランスでは五割、スウェーデンでは四割の比率である。一方、日本は閣僚一八人中、女性は一人でしかない異例の男性中心社会である。イロコイ連邦の制度が現在の社会に示唆するものは重要である。

イロコイ連邦での様々な決定の根底にある哲学は「七世代先までの子孫に責任をもつ決定をすること」とされている。世代交代を約三〇年とすれば、二〇〇年の未来を見据えて社会を運営していくという意味になる。これは子孫に生命を継続していく能力のある女性でなければ発想できない哲学である。環境という多種多様な生命が共存する世界を維持する仕事も、生殖能力をもつ女性に大幅に期待される分野であり、環境問題が人類の挑戦する最大の課題になった二一世紀は、再度、イロコイ連邦が見直される時代である。

６ 改造を拒否して子孫へ環境を継承（アメリカ　ナヴァホ）

６－１最後に砂漠に到達したナヴァホ

イロコイの精神を、さらに徹底して生活しているアメリカ・インディアンが存在する。北米大陸の地図から山脈、河川、湖沼など自然の地形の情報を消去し、アメリカ各州の境界だけにすると、奇妙な箇所が存在することに気付く。大陸の南西の部分に、正確に東西と南北に延伸する、人工そのものの直線の州境界線が浮上するのである。その交点にはコロラド、ユタ、アリゾナ、ニューメキシコの四州が一点に集結するフォーコーナーズといわれる有名な地点が登場し、現地には記念施設が建設されている。

ここはロッキー山脈の東側山麓にあるコロラド高原といわれる台地で、毎月の雨量は数十ミリメートルという乾燥地帯である。実際に高原を延々と走行したが、大半が赤茶けた土地で、所々に草叢がある程度の砂漠である（図１）。人間の生活にはきわめて過酷な土地であるが、この一帯の九州と四国を合計した面積に匹敵する六万九〇〇〇平方キロメートルはアメリカ・インディアンのナヴァホがアメリカ政府から奪還した土地となっており、居留地域の面積としては全米最大である。

ナヴァホは自身の言葉でディネ（人間）と自称し、現在、アメリカ・インディアンとしては最大の二五万人ほどの人々が広大な地域に分散して生活している。この一帯に最初に人間が到来したのは数千年前で、アナサジといわれる人々である。それ以後、プエブロ、ホピなどが到来したが、いずれ

図１　ナヴァホが生活する乾燥地帯

も旱魃や洪水などの気候条件の激変に対応できずに移動していった。そして一八世紀になって最後に到来したナヴァホが定住し、現在も生活しているというのが歴史である。

この地域にキャニオン・デ・シェー国定公園があり、内部には両側が赤茶けた絶壁でできた巨大な渓谷がある。大雨の直後になると底部に河川が出現するので、わずかに草叢が存在するが、大半は乾燥した谷間である。その数百メートルの見上げるような断崖の中腹に岩肌を掘削した遺跡がある。かつてアナサジの人々が生活していた住居の遺跡である（図２）。岩肌に記録されている水平の水紋とともに、そこまで水嵩があったことを証明しており、自然が激変したことを鮮烈に印象づける光景である。

図2　中腹に住居遺跡のあるキャニオン・デ・シェーの光景

6-2 改造しない環境を未来の世代に継承

以上は考古学的な歴史であるが、ナヴァホの人々は異質の歴史を伝承している。はるかな過去、第一の世界（黒色）の時代に最初の男性と女性が誕生し、苦難とともに第二の世界（青色）、第三の世界（黄色）を経由して、現在の第四の世界（金色）に到達した。そこは東西南北に神聖な高山がある場所で、それが現在生活している土地である。この伝説はナヴァホの国旗にも明確に反映され、巨大なニジの下部の北側に黒色。東側に白色、南側に青色、西側に黄色の四色の聖山が配置された文様が描写されている（図3）。

もう一点の重要な伝承は、現在生活している環境は未来の子孫から預託されたものであり、それを自分たちの世代が勝手に改造することはできず、そのままの状態で次代に継承しなければいけないという精神である。それが精神訓話だけではない現実を体験した。第一は住居である。現在では集落の中心には木造や鉄筋コンクリートの住宅も存在しているが、郊外ではホーガンという名前の木組に土壁の住宅や丸太小屋があり、円形の一間しかない内部で、仕切りもなしで一家が生活している（図４）。

乾燥地帯であるから真水の確保は重要である。その視点から周囲を見渡すと、北側にサンファン、西側にコロラド、南西にリトル・コロラドという大河が存在している。普通は、それらの河川から導水して生活用水や農業用水を確保するという発想になるが、現実には何十キロメートルも遠方の井戸から真水をタンクで運搬し、それを大切に使用している。ある家庭を取材したが、一人コップ一杯の真水で、洗顔、歯磨きをし、六〇リットルほどのタンクの真水で四人家族全員が数日は生活するという現実であった。

図３　ナヴァホの族旗

雨乞いの儀式も取材したが、同様の精神である。乾燥地帯を砂埃とともに数十キロメートルも走行し、途中から山道に侵入して、さらに数十キロメートルも進行すると森林地帯になる。最後は徒歩で登山すると、断崖の途中から真水がわずかに落下している聖地に到達する。そこでメディスンマンが祈祷するのであるが、この真水を自分たちが生活している地域に降雨として転送してほしいという祈祷であり、ここから導水して自然を改造しようという発想にはならないのである（図５）。

図4　ナヴァホの人々の伝統住居ホーガン

6-3 先住民族の思想と対極にある西欧文明

この先住民族の精神と対極にある生活がコロラド渓谷の対岸に存在している。世界有数の歓楽都市ラスベガスである。五〇年前には人口一万人弱でしかなかった寒村は、賭博の効果により、現在は周辺地区も一体にすると約一七〇万人の巨大都市となり、二〇年後には倍増するとさえ予測されている。周囲はナヴァホの人々が生活している地域と同様の砂漠地帯であるにもかかわらず、ホテルが林立する都市には樹木が青々と繁殖し、夜間も都市全体が光輝いているが、その秘密は四〇キロメートル東側にある。

一九三〇年代、ニューディール政策の一環としてコロラド渓谷に巨大なフーバーダムが建造された。このダム一基により、日

図５　雨乞いをするナヴァホのメディスンマン

本にある約二五〇〇基のダムが貯水する水量の二倍にもなる貯水能力をもつ湖沼が出現し、その淡水がラスベガスのみならず、ロサンゼルスなど多数の都市に送水されている。それは都市には恩恵であるが、大河コロラドの流水はカリフォルニア湾内まで到達せず、周辺の生態は完全に破壊されている。子孫に改造しない環境を継承するというナヴァホの精神と反対の方向に突進した西欧文明の象徴である。

この精神は食糧生産の方法にも発露している。ナヴァホの人々の主要な食糧はトウモロコシである。それを栽培している畑地を見学したが、トウモロコシの植付けの間隔が日本の畑地の何倍にもなっている（図６）。地味が十分ではないうえに乾燥しているから、日本のように密植すると全体が成長しないという理由である。それでも肥

図６　密植しないトウモロコシ栽培

料会社の売込みは拒否し、農薬も肥料も一切使用しない生産を営々と継続している。ましてや土木工事によって灌漑用水を導水するという発想もない。

その畑地でトウモロコシを栽培し、トウモロコシを様々に加工した伝統保存食品や天然の山菜・果実を乾燥させる伝統の調理方法を継承する努力をしている高齢のナヴァホの婦人と対談したときの言葉は、身土不二という東洋の言葉と相通じる内容であった。トウモロコシを主食、山菜や果実などを副食とし、天然の茶葉を飲用に使用していた時代には、病気になる人間は存在しなかったという一言である（図７）。それが自身の文化を自慢する誇張ではないことを実感したことがある。

何日か滞在したナヴァホ居留地域の中心都市ウィンドウズ・ロックの郊外には立派

図７　ナヴァホの女性と対談する筆者

な病院が運営されている。しかし現在でも、多数のナヴァホの人々はメディスンマンに依頼して自宅で治療をしている。メディスンマンが一人の患者を治癒する現場を見学したが、薬草を燃焼させた空気のなかで小一時間ほど祈祷をするだけである。それは人間が自然の一部であることを理解させ、自然治癒の能力を目覚めさせるということが目的という説明であったが、それで結構な治療になっているようである。

６‐４　自然治癒の能力で回復する自然環境

アメリカの中心の乾燥地帯から太平洋岸の森林地帯に移動し、カリフォルニア北部のシンキオンの森林を訪問したときも同様の体験をした。サンフランシスコから数百キロメートル北上した太平洋岸に、いくつかの先住民族が共有する森林がある。何千年間も自然のままであったスギの森林は、二〇世紀になって材木業者が権利を購入して丸裸になるまで伐採したため、荒廃した土地になってしまっていた。かつての状態で残存している一部の森林には巨木が林立していたが、当初の光景がいかに雄大であったかを想像させる。

およそ一〇年前に先住民族の人々が土地を再度取得し、森林の回復事業を開始した。普通であれば丸裸になった斜面に植林をするのであるが、ここでは、かつて木材を運搬するために建設した林道を周辺の土壌で埋戻し、連続した斜面にするだけであった。ところが数年もすると、周辺の森林から飛来してきた種子が発芽して、以前に存在していた森林の状態に回復するという発想である。これはメディスンマンの治療と同様、森林に内在する自然治癒の能力が回復する手助けをしただけなのである。

その森林から海岸へ流出している小川の回復にも同様の方法が採用されていた。改修されて単調な線形になっていた小川の各所に適当な本数の丸太を放置しただけである。現代の河川工学の知識からすれば、回復の手当をしていないような手法であるが、一本の丸太によって河道が変化し、その影響で流速に緩急ができるため、それぞれの場所に適合した魚類が棲息する結果、全体が多様な環境になる。そうすると、それを目掛けて鳥類が飛来し、河川の自然治癒の能力が発揮されるという仕組である。

6-5 未来から現在を予測する叡智

ここまで紹介してきたアメリカ・インディアンの行動の原点となる思想は、現在の環境は未来の子孫から預託された財産ということである。その精神を反映して、ナヴァホは環境を改造しないまま子孫に継承し、イロコイは自然を開発するとしても、子孫が期待すると想定される状態を前提として、現在実施すべき開発をするという道筋を選択している。そしてシンキオンの森林を再生しようとしている人々は、人工の手段ではなく、森林の基礎となる土地を旧態にするだけで、かつての自然を回復しようとしている。

この西欧文明が想像もできなかった思想や手法に遅蒔きながら気付きはじめた人々が登場している。スウェーデンで環境保護運動を実践している団体ナチュラル・ステップを創設した医学博士カール・ヘンリク・ロベールは一九八〇年代にバック・キャストという思想を提唱している。未来を予測することは英語でフォア・キャスト、すなわち現在に立脚して手持ちの資源や技術を利用して実現可能な未来を想定することである。これは未来が無限であれば問題ないが、資源枯渇や気温上昇が象徴するように問題が噴出している。

そこで最初に目指すべき未来の状態を想定し、そこに到達するためには、どのような現在であるべきかを計画する思想がバック・キャストである。現在から未来ではなく、未来から現在という逆転の発想である。一例は地球の気温上昇を阻止する活動である。そこでは数百年後の期待すべき気温の状態を設定し、そこに着地するために、一〇年後に炭酸ガスの排出を何％削減し、二〇年後に何％削減するというように、未来から現在の方向に遡行する計画を策定している。ナヴァホやイロコイの思想に接近してきたのである。

ナヴァホと交流のあるスーには「万物の摂理は円環である」という思想があり、薩摩の紋章と同一の円環に十字を組合わせた紋章を使用している。これは人間を治癒するときも、自然を回復するときも、自身の自然治癒の能力に依存するという精神と共通する思想である。現代の自然回復事業のように、大量の資源とエネルギーを投入して改造した自然を、再度、同様の手法によって、かつての状態に回復させようという現代文明の発想とは対極にある行動規範である。

先進諸国といわれる社会は、時間の経過とともに着実に理想の状態に接近していくという進歩史観を根底として、一七世紀以来発達してきた。それは便利、快適、安全などを人々にもたらしたが、その一方で、西欧文明が環境問題という隘路に突入していることは明確である。そこから脱却するために西欧文明の枠内で行動しても困難である。視野を拡大して、まったく異質の文明に解決の糸口を発見する必要があるが、アメリカ・インディアンの文明も重要な糸口を提供してくれるはずである。

７狩人の精神が維持する極北の生活（カナダ　イヌイット）

７－１超過疎地ヌナブト準州

アメリカ大陸北部に位置するカナダは日本の約二七倍の国土面積をもつ世界第二の広大な国家であるが、人口は三四〇〇万人と世界の三六番目程度であり、平均の人口密度は日本の一〇〇分の一程にしかならない過疎状態の地域である。ところが、カナダの北東部分を占有するヌナブト準州（テリトリー）は日本の面積の五・五倍もあるにもかかわらず、約三万二〇〇〇人の人間しか生活しておらず、計算してみると、日本列島に約五五〇〇人が生活している状態に相当する超過疎地である。

その約三万人の住民の約八〇％がイヌイットといわれる先住民族である。かつてはエスキモーという呼称であったが、これはアメリカ大陸のアルゴンキン・インディアンの言葉では、生肉を摂取する人間という差別的雰囲気の用語であると誤解され、現在のカナダでは、先住民族の言葉で人間を意味するイヌイットが正式名称として使用されている。ただし、アラスカに生活する同系の民族はエスキモーを公式名称とし、グリーンランドの同系の民族はカラーリットという呼称である。

この日本民族と同系のモンゴロイド系統の人々が、何時からアメリカ大陸北部に居住し、何処から到来したかについては諸説あるが、最近では、アメリカ大陸の先住民族であるインディアンとは異質の、現在もアリューシャン列島の一部に生活しているアリュートと同系の民族であり、一万年前のウルム氷期の最後の時期にユーラシア大陸からベーリング海峡を横断して到来したと推定されている。

実際にイヌイットの最古の遺跡はアリューシャン列島からアラスカ半島にかけて発見されている。

数千年間、これらの人々はアメリカ大陸の北極圏内で孤立した生活をしていたが、グリーンランドが名前のように緑地となった一〇世紀の中世温暖時代に、ノルウェーからアイスランド、グリーンランドを経由して移住してきたヴァイキングと接触し、さらに一九世紀になると、ヨーロッパの捕鯨船団が到来しはじめ、ヨーロッパの文化が影響するようになる。しかし、それでも現在まで、食事の内容や社会の風習など、日常の様々な側面に伝統文化を残存させながら生活している。

7-2 文明が装備された僻地

今回、そこに生活する人々の文化を紹介する目的で、ヌナブト準州にあるポンド・インレットという集落を訪問した。日本の本州の二倍以上の面積をもつ世界第五の広大なバフィン・アイランドの北部にグリーンランドに対面して位置する人口約二〇〇〇人の集落で、位置は北緯約七三度という北極圏内に存在する。日本からはトロントを経由してケベックに到着し、さらに一日かけて空路で二七〇〇キロメートル北方に移動した位置にあり、丸二日間という長旅が必要な遠方である。

訪問したのは九月下旬の晩夏であるが、周囲の光景は一部の岩肌を例外として白色一色の光景（図1）であり、高台から見下ろす集落も白銀の世界という僻地のなかの僻地と表現すべき場所である（図2）が、集落の中心には巨大なスーパーマーケットが開店しており、野菜も果物も菓子も、さらには韓国製品にしろ、海苔からインスタントラーメンまで空輸されて用意されている状態である。値段さえ頓着しなければ、生活に必要な世界各地の商品が入手可能という現代集落である。

図１　晩夏でも白銀の世界

約一週間は滞在する予定であったので、宿舎として一軒の民家を借用したが、電気や水道や暖房は当然としても、風呂も水洗便所も完備し、電気冷蔵庫や電気洗濯機も用意されている現代住宅であった。さらに驚嘆したのは、半径数百メートルの範囲に集中している集落全体を無線ネットワークがカバーしており、集落の中心にある無線センターの方向に手許の通信端末装置を設置するだけで、高速のインターネットが無料で利用できることである。

これには二つの明確な背景がある。第一はカナダがコンピュータの普及比率もブロードバンド回線の普及比率も世界七位（二〇一〇）という日本以上の情報先進国家という背景である。第二は後述するように、カナダは先住民族政策において世界の模範とされる先進国家であり、膨大な資金

図2　氷雪のなかに存在するポンド・インレット

を投入して衛星利用の通信回線を用意し、このような過疎地域の格差解消に努力しているという背景である。しかし、今回の目的はカナダの現代事情の紹介ではない。先住民族の生活の紹介である。

7-3ヌナブト準州の成立

一九九三年七月九日、カナダ北部の北緯六七度四九分という北極圏内に位置する人口約一三〇〇人の集落クグルクトゥックにおいて、カナダ連邦政府とイヌイットが締結した「ヌナブト協定」の成立を祝賀する盛大な式典が開催された。この協定は近代国家と先住民族の双方が納得する協定としては世界最初といわれるほどの先進事例であり、これにより、ノースウェスト準州の一部を分割した日本の五・五倍という広大な面積を保有するヌナブト準州が九九年四月一日に創設されることが確定した。

一八六七年にイギリス連邦内自治領となり、一九三一年に独立したカナダは連邦国家であり、強力な権限を保有する各州（プロヴィンス）が集合した体制で維持されている。しかし、準州（テリトリー）の場合、州内の土地は基本として連邦が所有する、教育や行政などの課題に連邦政府が関与できる、憲法改正に準州は参加できないという三点で相違しているが、連邦議会に議席は確保しているという仕組である。カナダには、ヌナブト準州以外にユーコン準州とノースウェスト準州が存在する。

ヌナブト準州成立への発端となったのは地下資源の開発であった。一九六〇年代後半から、カナダの北極圏内で石油や天然ガスの探査そして掘削が開始され、とりわけ七〇年代中頃に発生した石油危機の影響で採掘が活発になり、北部から南部にかけて長大なパイプラインが何本も敷設され、輸送のための巨大タンカーが海域に頻繁に進入してくるようになった。そこで先住民族は自分たちの土地の資源が収奪され、かつ環境が破壊されることを危惧するようになった。

そのような情勢のとき、西部のブリティッシュ・コロンビアに生活する先住民族ニシュガ・インディアンの首長フランク・アーサー・コルダーが、先住民族の権利の認定と、土地に関係する権益を請求する訴訟、一般には「コルダー訴訟」として有名である訴訟をカナダ連邦政府相手におこなった。これを契機にして先住民族が自分たちの権利や権益に目覚めることになり、カナダ連邦政府も、これまで無視してきた問題に対処することを余儀なくされる状況が出現してきた。

7-4 二〇年間の忍耐の成果

この動向はカナダ北部に生活するイヌイットにも伝播し、七〇年代初頭に、ケベックとオンタリオの両州の州境にあるジェームズ湾内に計画された水力発電施設の建設計画や、ビュフォート海域での石油探査とパイプライン敷設計画にイヌイットが反対するようになる。その結果、計画を一旦中断する「ジェームズベイ・ノーザンケベック協定」や「イヌヴィアルイト協定」の締結に成功し、これを契機に、延々と継続する先住民族の権利と権益についての議論が発生した。

途中経過は省略するが、七四年から開始された議論は九二年に最終決議が調印され、さらにイヌイットの住民投票を経由して承認され、冒頭に紹介した祝典に到達したのである。しかし、もう一点、解決しなければならない重大問題が存在していた。新規の準州の創設である。イヌイットは自分たちの準州の創設を調印の条件とし、その結果、ノースウェスト準州を分割することでヌナブト準州が誕生した。ちなみに「ヌナブト」とは自分たちの土地という意味である。

この長期の議論の結果、イヌイットは日本の面積に匹敵する約三五万平方キロメートルの土地、その一部に埋蔵される地下資源所有の権利、資源開発の是非を優先して決定する権利、連邦政府からの長期の賠償、野生生物を狩猟する権利、準州内部に生活するイヌイットの人口比率に対応した雇用の確保、生活に影響する巨大開発についての事前協議の必要などを連邦政府に要求し、膨大な権利を獲得した。これが国家と先住民族との協定の模範とされる由縁である。

イヌイット出身のヌナブト準州の環境副大臣にインタビューしたときの言葉が、この長期の交渉の意義を象徴していた。「狩人である自分は零下数一〇度にもなる氷原で、いつかは出現するはずのア

図３　州都イカルイトの遠景

ザラシを見張って身動きもせず待機していることは長年の習慣になっている。獲物を獲得するという目的を達成するために待機することは苦痛ではない。今回の交渉には初期から参加したが、目的の達成まで延々と交渉することは民族の伝統を背景にした行動であった」

７‐５　州都イカルイトでの会議

このようにして成立したヌナブト準州の州都は、バフィン・アイランド南部の北緯六三度四五分に位置するイカルイトに決定した。現在、約三万二〇〇〇人の準州の人口の二割に相当する約七〇〇〇人が生活している都会である（図３）が、イカルイトはイヌイットの言葉で魚介が豊富な場所を意味するように、元来は少数のイヌイットが漁業で生活していた寒村であった。しか

図４　政府の建物が集中する都心

し一九四〇年代に空軍基地が建設されて以後発展し、ヌナブト準州の成立とともに州都に選定された。

前週までアザラシ狩猟の撮影のために滞在した人口二〇〇〇人強のポンド・インレットの寒村の風景とは相違して、道路にはタクシーも走行し、中心の街路には多数の商店も存在している。しかし、最大の特徴は中心部分に準州政府関連の建物が集中し、軍事拠点から行政都市に変貌していることである（図４）。今回の訪問の期間、空港も道路もホテルもレストランも混雑している様子であったが、それは市内のホテルで、いくつかの重要な会議が開催されていたからである。

第一は、ヌナブト準州とグリーンランドの地域ごとのホッキョクグマの年間の狩猟頭数を決定する会議である。ホッキョクグマは地球の気温上昇の犠牲となっている生物の象徴として紹介されるが、イヌイットにとっては、この土地に到来以来の食糧かつ商品である。しかし現在では、地域ごとに年間狩猟頭数の上限が設定され、猟師が捕獲した頭数をオスとメスに区分して報告し、合計が上限に到達すると、その時点で狩猟が禁止となる。その上限を現在以上に減少させようという会議である。

この会議を傍聴したが、ここがイヌイット伝来の土地であることを象徴するかのように、民族の伝統が尊重されている会議であった。英語とともにヌナブト準州の公用言語であるイヌクティトゥットが使用されることは当然として、頭数は減少していると主張する学者の見解よりも、ホッキョクグマが生活場所の身近に頻繁に出現するというイヌイットの猟師の意見が尊重されていた。最新の理論か長年の経験かという論争であるが、経験が優勢という状況であった。

別室で開催されていた第二の会議では、新規のニッケル鉱山の開発の許可の是非が検討されていた。この鉱山から鉱石を搬出するためには、カナダの北極圏内で最初となる鉄道を港湾まで敷設し、港湾からは砕氷能力をもつ船舶で輸送するのであるが、船舶の往来が自然環境とセイウチなど海洋生物の繁殖にもたらす影響を判断して許可の当否を検討する会議である。ここでもホッキョクグマの会議と同様に、セイウチを狩猟しているイヌイットの意見が重視されていた。

最後の許可の是非は会議の意見を参考に連邦政府が決定するのであるが、ここでの議論の内容が鉱山会社の経営を左右することになる。しかし、時代は変化している。南部のケベック州内でニッケル鉱石を採掘しているスイスの企業エクストラータは、海洋生物の保護のため、海面が氷結している一年の三分の一強の時期は船舶の運行を停止し、さらに利益の一％をイヌイットの文化振興に提供する

図5　ダム建設が中止となった河口

ことで、雑誌『ニューズウィーク』の企業の社会責任の評価で首位になっている。

冒頭に紹介したように、ヌナブト準州は日本の五・五倍の面積の土地に三万人強しか居住していない超過疎地である。日本と比較すれば、住民の生活がもたらす環境への影響は微々たるものであるが、環境保護への意識は高度である。イカルイトでは河口に発電のためのダムを建設する計画が立案されたが、水力発電によって火力発電による炭酸ガス排出が減少する効果と、ダムがホッキョクイワナの遡上を阻害する影響を比較し、後者の価値を重視してダムの建設は中止となった（図5）。

ISO（国際標準機構）はCSRと略記される企業の社会責任をSRに変更した。これまでのCは企業（コーポレート）であったが、企業だけの努力ではなく、市民

図６　薄暮になり、ようやく狩猟に出発

（シティズン）や地域社会（コミュニティ）も一体となって努力しなければ、自然環境も人間社会も維持できないという発想である。このような視点からヌナブト準州の活動を概観すると、先住民族イヌイットの文化（カルチャー）が自然環境を維持するのに重要な貢献をしていることが理解できる。

７‐６　待機こそ文化の根源

イヌイットの人々の生活の基本は現在でも狩猟である。夏期でさえ、まったく樹木も草原も見当たらない地域で、何千年間も自給自足の生活をしてきた人々は、食料をはじめとする生活資材の大半を様々な狩猟動物に依存してきた。その主要な対象はイッカク、アザラシ、トナカイ、ホッキョクグマであり、夏期には海上や陸上で、海

図７　白夜の雪原で野営

面が氷結する冬期には雪原で、それらの動物を狩猟し、食料としてだけではなく、皮革は衣服に、角類は道具に加工して利用してきた。
　今回は五〇歳台のイヌイットの狩人のアザラシとイッカクの狩猟に同行した。小型船舶で約三時間の狩猟場所まで海上を移動するのであるが、今日は強風、今日は高波で出発できないなどと連日延期となり、滞在期限も切迫してきた時期にようやく決行となったが、早朝から何艘もの小舟が次々と出発していくのに、準備に手間がかかり、出発したのは午後も後半になり（図６）、最初の野営場所に到着したのは二〇時過ぎで、暗闇のなかでテントを設営して睡眠するという状態であった（図７）。
　流石に北極圏内であり、九月とはいえ夜間になると零下二〇度程に気温が低下し、

図8　海面に浮上するアザラシを待機するイヌイットの猟師

テントの内部で防寒衣服のまま睡眠した。
翌朝、海上を移動して、アザラシが出没しそうな海域の崖下に上陸し、アザラシが呼吸のため海面に浮上するのを待機することになった。数十メートル彼方の海上に頭部が浮上する一瞬に鉄砲で射撃するのであるが、海面を凝視しながら、いつ浮上するかもしれないアザラシを気長に待機するのである（図8）。今回は一時間後に、なんとか一頭を仕留めたが、とにかく根気第一の仕事である（図9）。

海面が氷結する冬場になると一層の根気を必要とする作業になる。アザラシは氷上に小穴をいくつか用意し、ときどき呼吸するために浮上する。その瞬間に射撃するのであるが、どの小穴から浮上するかは予測がつかないという問題がある。そこで氷上で小穴を凝視してひたすら待機することに

図９　仕留めたアザラシを海岸に運搬して解体

なる。獲物が出現するまで待機するのは狩猟の基本といえばそれまでであるが、環境は遮蔽するものもない零下四〇度程にもなる氷原である。この忍耐がイヌイットの精神を形成している。

7-7 時間の拘束のない社会

その精神を最大に反映しているのが時間の観念である。かつての手漕ぎのカヤックの時代とは相違して、海上を高速で疾走する馬力のある小型船舶があり、服装をはじめとする装備も、かつてとは比較にならないほどの快適なものが十分に用意されているから、多少の高波や風速であれば、狩猟に出発してもよさそうであるが、食料が枯渇しそうなときでもなければ、狩人にとって時間は関係なく、快適な室内から海上を観察し、満足する条件になるまで待機することが最適の戦略になる。

スノーモービルも所有している現在では、雪原を巡回してアザラシを発見することも可能であるが、いずれアザラシが浮上してくる小穴の周囲で待機しているほうが確実である。今回、一頭のアザラシを仕留めたとき、目的を達成したので集落に帰還するものと想定していたが、狩人は飼犬のエサのために、まだ何頭かのアザラシが必要だから、ここに滞在すると主張する。幸運なことに、同行の僚船が我々を輸送してくれるということで問題は解決したが、それがイヌイットの精神である。

現代社会は時間の制約という拘束条件を前提に目的を達成するという仕組で運営されている。あらゆる物事に締切のある世界である。しかし、無限ではないにしても時間が十分にあれば、目的を達成することが唯一の拘束条件になる。日常、時間の制約のない社会で生活をしている人々からすれば、天候が不順なときに無理をして荒海に船出することもないし、撮影などという些事で目的を変更する必要もない。強風の海岸でアザラシの浮上を待機していると、この現代社会の病理を痛感するのである。

７‐８ 共助の精神が維持する社会

もう一点の狩猟社会を反映する特徴は共助の精神である。狩猟には待機すれば確実に獲物が入手できるという保証はないし、高齢になれば過酷な環境での狩猟は容易ではない。その欠点を補充しているのが共助の精神である。狩人は狩猟から帰還すると、ラジオ放送で集落全体に広報し、獲物を近隣に分配する習慣があり、とりわけ高齢の人々には手厚く配分する。さらに家族の食事の場所に隣人が自由に出入りして、食事に参加するという光景を何度も目撃した。私有という概念が希薄なのである。

しかし、イヌイット社会も、かつてのように少数の家族が移動しながら共同生活をしていた時代から、定住して集合の規模が拡大してくると、集落全体を共助の精神のみで維持することが次第に困難になる。そこで考案されたのがハンタープログラムという制度である。政府援助によって維持されている組織が狩人の獲物を購入し、それを高齢家庭や貧困家庭を巡回して係員が配分する仕組である。これは衰退しつつある狩猟文化を維持する目的も目指して実行されている。

ハンタープログラムの組織の係員が各戸にサケを配給する現場を見学したが、それが特別の慈善事業という態度でもなく、また受領する人々も特別に感謝するという表情でもなく、当然の社会の仕組という気配であった。不確実性が支配する狩猟社会で自然に成立してきた制度であるが、先進国家といわれる社会では相当以前に消滅した風習である。その意味でも、一般には出遅れたとか進歩のない社会と誤解される先住民族の人々の生活に見習うべき制度は多々存在する。

日本の福祉制度は公的機関への過度の依存と金銭中心への傾斜により、乾燥した仕組になりつつある。そして制度を維持するための人員と予算が肥大するという課題もある。極北の過酷な自然環境で何千年間も生存してきた人々の社会には、現代社会の贅肉を削除した仕組を明確に透視することが可能である。その贅肉こそが環境問題の元凶とすれば、その問題の解決の方策を模索するためにも先住民族の簡素な社会を見直すことは重要である。社会は進歩史観が主張するように、単純に進化していくわけではないのである。

明治維新の目標は江戸時代の各藩分権の国家から中央集権の国家に転換させることであった。それは日本を大国とすることに成功したが、百年以上の時間が経過し、制度疲労も顕著となった現在、政権交代とともに国家を地域主権に再度転換させることが標榜されている。しかし、現状では分権国家の基盤となる基礎的自治体を再編する平成の市町村大合併も目標に到達しない中途半端な状態で終了し、地方政府への権限委譲も二〇〇〇年四月一日の地方分権一括法の施行以来、それ以上に進展しないままである。

これは中央政府や地方政府の官僚組織や産業社会の既得権益集団などの抵抗も影響しているが、イヌイットの人々が獲得したヌナブト準州の成立過程と比較すると、国民が明確な関心を表明しないことが影響している。もちろんカナダが連邦国家であり、最初から地域主権が存在していること、数万でしかない人口が広大な面積に分散していること、これまで不等に資源を搾取されてきたことなど、日本との条件の差異はあるが、目覚めたイヌイットの自立意識は際立っている。

さらに自然環境を改造しながら食糧を生産する農耕が中心の日本の生活と、改造しない自然環境から獲物を直接獲得する狩猟が中心のイヌイットの生活とでは、環境についての意識が相違するのも当然である。それにしても、イカルイトで開催されていた会議を傍聴すると、イヌイットが自然環境や人間社会へ関与する高度かつ真摯な意識を実感せざるをえない。あまりにも他者依存で安易に生活してきた結果、国家の衰亡に接近している日本の国民は見習うべきである。

しかし課題がないわけではない。現状では鉱物資源を採掘する産業も発展していないため、広大な地域の社会基盤を維持するのに見合う税収はなく、毎年、カナダ連邦政府からヌナブト準州政府へ支援される約六〇〇億円の資金が歳入の約九五％になっている。もちろん今後、膨大な地下資源を活用すれば、資源産業を発展させることは十分に可能である。目標を達成するまで忍耐できる民族伝来の能力により、先住民族の模範となる地域を形成することが期待される。

8　二千年間砂漠で維持される遊牧生活（モンゴル　ハルハ）

8－1 広大な草原国家モンゴル

一二世紀初期から末期にかけての約一〇〇年間、初代チンギス・ハーン（図1）から五代クビライ・ハーンまでの英雄たちが活躍したモンゴル帝国は、西側は黒海から東側は日本海岸までユーラシア大陸に展開した広大な世界帝国であり、さらに元寇として日本列島をも領土にしようとしていた。しかし、どのような巨大組織にも栄枯盛衰は宿命であり、一九世紀後半の清朝時代には、現在の内外のモンゴルに相当する規模に縮小し、第二次世界大戦後には北側のモンゴル国と南側の中華人民共和国内モンゴル自治区に分断されている。

その北側のモンゴル国（以下モンゴル）の国民の約九五%がハルハ、五%程度がカザフ、エヴェンキ、ブリヤート、バヤド、トゥバなど少数民族で構成されている。したがってハルハは少数民族でも先住民族でもないが、現在でも全体の約一三%に相当する三六万人程度の人々は定住生活をせず、広大な草原を自由に往来する遊牧生活を継続して何千年間もの伝統文化を維持している。そのような人々の生活を紹介するのが今回の目的である。

第二次世界大戦前から戦後にかけて、モンゴルは社会主義国家としてソビエト連邦の影響のもとにあった関係もあり、モンゴルと日本が国交を樹立したのは一九七二年のことである。しかし二〇〇六年、チンギス・ハーンがモンゴル高原を統一してから八〇〇年を記念したモンゴル建国八〇〇年の記

図１　チンギス・ハーンの銅像

念祝典に小泉総理大臣が出席し、また白鵬や日馬富士をはじめモンゴルの人々が相撲で活躍するようになって日本との関係は強化され、毎年、約一万五〇〇〇人の人々が日本からモンゴルに旅行している。

モンゴルの国土面積は日本の四倍以上の一五六万平方キロメートルであるが、人口は約二八〇万人と日本の二％程度であり、しかも四〇％近い一二〇万人強は首都ウランバートルに集中して定住生活をしているから、それ以外の場所は見渡すかぎりの草原や砂漠地帯で、人影はほとんど見当たらない。その結果、人々が遊牧生活をしている場所に到達するのは、なかなかの難行となる。最初はロシアとの国境に位置するダルハド盆地を目指したが、モンゴルの広大さを実感する移動になった。

図２　草原に縦横に刻印された自動車道

８－２悪路の彼方に出現する極楽

ダルハド盆地はモンゴル北部のロシアとの国境に近いフブスグル地方に位置し、首都ウランバートルから直線距離で約七〇〇キロメートルである。東京から広島までの距離に相当し、高速鉄道の整備された日本では約四時間で到達できる距離であるが、モンゴルでは完全な一日仕事である。往路は人口約一万人のフブスグル地方の中心都市ムルンまでの約五〇〇キロメートルを空路で移動し、そこから約二〇〇キロメートルは日本では経験することのできない道路を走行した。

簡素な建物だけのムルン空港の前面の簡易舗装の道路を五分も走行すると一気に広大な草原が展開するが、そこで道路は消滅してしまい、草原に車両が走行した多数の痕跡がかすかに残存しているだけになる。

図3　モンゴルのスイスといわれるダルハド盆地

これが獣道ならぬ自動車道であるが、どこでも自由に走行できるから、自動車道は何本もあり、もちろん交通信号も道路標識もないから、どれが目的の場所に到達する道路かは経験以外に判断する方法はない（図2）。そして路面は車両がマッサージ椅子ほど振動する悪路である。

これも現在の日本では体験できない難行であったが、帰路は空路が予約できず、首都ウランバートルまでの直線で約七〇〇キロメートルの距離を車両で走行することになった。これは難行苦行以上の旅行であり、首都まで約二〇〇キロメートルの地点からは舗装された高速道路が存在しているはずであったが、工事で大半が閉鎖されており、さらにワイパーも役立たない豪雨のなかの暗闇の草原を大略の方向を目指して走行し、二六時間かけて無事に到着したの

図４　早朝から搾乳するモンゴルの家族

が奇跡のような移動であった。

このようにして往路は約二〇〇キロメートルの距離を四輪駆動の車両で八時間強かけて草原を疾走し、目指すダルハド盆地に到達したが、周囲は標高二〇〇〇メートルから三〇〇〇メートルの冠雪した山々が連続する山脈、足元は針葉樹林の森林、その中央にある盆地は河川が蛇行する草原という組合せで、モンゴルのスイスと名付けられている絶景であった（図３）。その草原で訪問予定の家族が生活している場所に到達したが、都会に定住する人間にとっては結構大変な遊牧生活を体験することになった。

８‐３　夏期は白色、冬期は赤色

遊牧生活の様子は食事から紹介すると理解が容易である。遊牧民族の食材は飼育しているヒツジ、ヤギ、ウシなどの家畜の肉

図5　羊乳からチーズを製造

類と乳類が中心で、野菜はジャガイモ程度しか使用しない。冬期は赤色の食事、夏期は白色の食事になる。赤色は家畜の肉類で、晩秋に数頭の家畜を屠殺し、血液や内蔵の一部と枝肉を食料とする。冬期の屋外は零下数一〇度にもなるから、簡単な物置が天然の冷凍倉庫となり、そこに保存して順次使用するが、賓客が来訪したときや祝宴のときには、その都度、屠殺をすることもある。

白色は牛乳など家畜の乳類の加工食品である。訪問した時期は六月であったから白色の食事の季節で、毎日、早朝四時ころから、家族総出で搾乳作業を開始する（図4）が、そのまま飲用とすることはほとんどなく、当日のうちに全量を加工して保存食品にする。加工方法は何千年間にわたる遊牧生活の期間に様々に工夫され、乳類を加熱、発酵、分離、乾燥などして、二〇種類以上の製品に加工するのであるが、その作業を数種の鍋類とストーブの火力だけで加工してしまう、伝統の早業である。

その代表を何例か紹介する。乳類を放置すると、上部がクリーム状態のウルム、脱脂された下部はボスンスーになる。前者はバターのように食用とし、後者は二日ほど放置してタラグというヨーグルトにし、さらに乾燥させてエーツゲイという硬質チーズにする。乳類とタラグを一緒に加熱すると液状のシャルオスと固形状態のエーデムになり、後者を脱水乾燥するとビャスラグという軟質チーズになり、さらに乾燥した製品も製造する（図５）。これらの言葉だけでも、多様な加工食品があることが理解できる。

酒類も乳類から製造される。馬乳を発酵させたアイラグはモンゴルを代表するアルコールであるが、牛乳や羊乳から製造したアイラグは蒸留してシミンアルヒというスピリッツに変換する。アイラグをストーブで加熱して蒸発させ、冷水で冷却した上部の鍋底で液化するだけで、強力なスピリッツが簡単に製造される。やや臭気があるが、相当のアルコール度数のあるスピリッツである。これらはほんの一部であるが、様々な加工食品すべてに言葉が存在するということは、何千年間の歴史の蓄積を象徴している。

８－４　広大なゴビ砂漠

現在、地球の陸地面積の四分に一近くが砂漠であるが、やがて砂漠に変化しそうな面積も合計すると陸地全体の半分になり、急速な砂漠の拡大が深刻な地球規模の環境問題として懸念されている。実際、世界全体では、九州の一・五倍の面積が毎年、砂漠に移行している。現状で世界最大の砂漠は日本列島の約二四倍にもなるアフリカ大陸北部のサハラ砂漠であり、第二が内外のモンゴル一帯に展開するゴビ砂漠で、その面積は日本列島の三倍以上の一三〇万平方キロメートルになる。

今回の撮影旅行の後半は、そのゴビ砂漠のうちモンゴル国内の南部に存在し、中国との国境地帯に展開する地域を訪問した。砂漠という言葉から一般に連想されるのは草木が一本も見当たらない砂丘であるが、砂漠は年間の雨量によって分類され、年降水量二五ミリメートル以下が「極砂漠」、二五〇ミリメートル以下が「砂漠」、五五〇ミリメートル以下が「半砂漠」と命名されている。したがって「砂漠」には草叢があり、「半砂漠」には樹木が生育している場所もある。

実際、モンゴルの中央の草原地帯に位置する首都ウランバートルを出発し、北部と同様の悪路を南下していくと、最初は見渡すかぎり青々とした草原であるが、次第に砂地が増加し、最後は砂地にわずかな雑草が分散している状態というように変化していく（図6）。この一帯に舗装した道路があるわけではなく、目的の場所を目指して、かすかな車輪の痕跡を追跡して砂漠を走行していくだけであるが、はるか彼方を疾走する車両の位置が砂埃によって確認できるほどの砂原である（図7）。

ヤギのようなアイベックスやオオカミなど様々な野生動物が棲息しているイフガザリンチョロ国定公園に途中で立寄ったが、奇岩が林立する岩山が延々と連続するだけで、ほとんど草木の見当たらない砂漠という言葉を実現したような場所であった（図8）。初春には猛烈な砂嵐が襲来し、緑豊かな日本で生活する感覚からすると過酷という以上の環境であるが、そのような場所にも人々が遊牧をしながら生活しており、その様子を取材するのがゴビ砂漠を訪問した目的である。

図６　ゴビ砂漠

８－５砂漠に展開する遊牧生活

そのような見渡すかぎりの平坦な砂漠の彼方に二軒の組立住宅ゲルがあり、そこを拠点として遊牧生活をしている家族を訪問した。ところが二日ほど滞在していたところ、突然、場所を移動するということになった。理由は住居の周囲で家畜のエサとなる草々が不足してきたということである。完全な放牧ではあるが、家畜たちはゲルの周辺で生活しているため、特定の場所に固定して放牧していると、その地域の草原が荒廃してしまうため、頻繁に移動するのである。

北部のダルハド盆地は年間約三〇〇ミリメールの雨量があるので、一年に五回程度の季節ごとの移動で草原は荒廃しないが、南部のゴビ砂漠は年間雨量が五〇ミリメートル程度の「砂漠」であるため、草原を維持するためには頻繁に移動する必要があ

図7　砂漠を疾走する車両

り、一年に何十という回数の移動をする。今回の移動も車両で一五分程の距離であるが、そのような一見面倒な配慮が、過酷な気候条件にもかかわらず、何千年間も草原を破壊することなく、遊牧生活が維持されてきた秘訣である。

ゴビ砂漠というと、日本では春先に襲来する迷惑な黄砂の発生場所とされている。しかし、これは正確ではない。ゴビ砂漠は中間で北側のモンゴルと南側の中国に分割されている。第二次世界大戦後、中国の領土となった南側には、数千万人の漢族の人々が政府の政策により入植し、土地を分割所有して過密な放牧をしたり、農地に転換したりしたが、そのような行為によって、何千年間も維持されてきた草原は、わずか数十年間で砂丘に変化してしまった。そこが黄砂の発生場所になっているのである。

図８　イフガザリンチョロ国立公園

わずかな距離を一年に何十というような回数移動し、しかも毎回、住宅を解体し、運搬し、建設するという生活は、定住している人間の感覚からすると、拒否反応が発生するほど面倒なことであるが、人間の都合で行動するのではなく、家畜の飼育を基準として判断し、さらに脆弱な環境を維持するということを最大の目的とした結果の行動である。衛星写真を観察すると、緑色の大地と褐色の大地により南北の国境が識別できるほどであるが、本当に短期で、完全に相違する自然になってしまった原因は、そこにある。

８－６五畜が維持する草原

もう一点、何千年間も草原を維持しながら遊牧が継続できた秘訣がある。モンゴルでは「五畜」という言葉があり、五種の家

図9　草原の放牧風景

畜を同一の場所で飼育している。地域によって種類に多少の差異はあるが、大略はヒツジ、ラクダ、ヤギ、ウシ、ウマであり、実際に、ヒツジの大群の後方をラクダの一群が悠々と通過していくような光景が観察できる（図9）。これは様々な畜乳、畜肉、毛皮が入手できるという利点だけではなく、環境を維持するうえで重要な伝統である。

砂漠に育成している草々は、遠方からは区別がつかないが、近付くと多様な種類があり、それぞれ微妙な差異がある。家畜にも嗜好があり、どの家畜もすべてを食用とするわけではなく、選別している。五種の家畜を放牧しておくと、草原の草々が均等に減少し、結果として、草原が丸裸になることがない。さらに、冬場になると、ヤクウシは積雪の下側にある新芽を掘出す能力があるので、その結果、冬期でもヒツジやヤギが新鮮な飼料にありつくという効果もある。

モノカルチャーという言葉がある。植物の栽培ではマレーシアのパームヤシやブラジルのサトウキビ、動物の飼育ではオーストラリアやニュージーランドのヒツジなどが代表であるが、多様な植物や動物が棲息していた森林を伐採し、人間に利益をもたらす単一の植物や動物だけを広大な面積で育成する方法である。これは生産効率の向上という視点では利点があるが、環境破壊の原因でもあるし、害虫や病気の影響が一気に拡大して全滅するという危険もある。

二〇一〇年一〇月、名古屋市で生物多様性条約第一〇回締約国会議（ＣＯＰ10）が開催されたが、多様な生物が共存していることが環境を持続させる基本という理念を背景にした国際会議であった。モンゴルの放牧はマルチカルチャーであり、熱帯雨林の多種多様な生態とは比較できないが、何種かの植物が生育している乾燥地帯を牧畜に利用しながら長期に持続させる適切な方法であり、短期で砂丘に変貌した南側のゴビ砂漠と比較すると、その意義が明確になる。

８－７組立・解体自在の住居

さらに、頻繁な住居の移動を可能にしている技術の存在も見逃せない。中国ではパオ、モンゴルではゲルといわれる組立建物である。その優秀な性能を紹介するためには、解体と組立の手順を説明すれば十分である。最初に「ハルガ」という玄関の枠組となる部材を南向きに設置し、伸縮自在の「ハン」という木製の格子で円形の壁面の骨格を組立てる。これで円筒の建物の基本が完成する。その中心に「トーノ」という円形の天窓を二本の「バガン」という支柱で設置する。

図 10　小一時間で組立てられるゲル

この「トーノ」の周囲には多数の小穴があり、そこに「オニー」という細長い木材を差込み、他端を周囲の「ハン」の上部に固定する。これは数一〇本にもなるが、完了するとゲルの外形が実現する。この骨組の外側を、最初に内壁となる模様の印刷された薄布「トトブレス」、その上側に厚布「トーラク」、断熱効果のある「フェルト」、防水性能のある「ベルチュヒンブレス」、最後に「ガトルブレス」という白布を順番に巻付けると五層の断熱効果のある壁面が完成する（図10）。

屋根も同様に、四重に被覆し、それらが強風で飛散しないように、外側を「ダロールガ」というヒモで固定すると、五〇平方メートルほどの住宅の完成である。数人が手際よく作業をすると小一時間で完成する。ゲルの内部は、中心に暖房にも炊事にも役立つ木材ストーブを設置し、周辺に簡単なベッドや台所用具を配置すると、生活ができる。解体は撮影した映像を逆転させた作業になり、家財道具と解体した材料は一台の小型車両に積載し、草原を自由に移動できる。

このゲルには何泊もしたが、夜間には零下になる条件でも毛布一枚で十分であるし、昼間に高温になれば、外壁の被覆の下側を持上げておくだけで、通風によって快適である。体験はしなかったが、零下数一〇度という厳冬の条件でも、ストーブさえあれば問題ないということである。重要なことは構造材料の木材は周辺の樹木、ヒモは飼育しているヒツジの羊毛の撚糸、フェルトも羊毛から自宅で製造した製品という、地産地消どころか自産自消で維持されていることである。

８－８ 草原を維持する完全な循環

草原での遊牧生活では、太陽エネルギーを原資とする完全な循環システムが成立している。太陽光線と水分が育成した草原は家畜の食料となり、その家畜の乳類は子供の育成だけではなく、家畜を飼育している人間の食料にもなる。その家畜の一部は屠殺され、わずかに胆嚢や膀胱など一部廃棄される部分もあるが、ほとんどは食料になるし、人間が食料にしない部分は飼犬のエサとなっている。そして家畜の糞尿は草原の肥料となるだけではなく、燃料にも利用されている。

牛糞や馬糞を燃料にするというのは実際に見聞するまで不潔な印象であったが、十分に乾燥させた「アルガリ」と名付けられた燃料は臭気もなく、ごく普通に手掴みで利用されている。尾籠な話題で恐縮であるが、不慣れな食事の影響で、外部から訪問した人間はほぼ確実に下痢になる。特別に便所もないから草原を自由に利用することになるが、広大な青空や満天の星空を見上げながら処理していると、排便も広大な地球の循環システムの一部だということを実感する。

モンゴルの草原での遊牧には約二千年の歴史があるとされる。この乾燥地帯で、何千年間も環境を維持しながら遊牧生活が継続できたのは、循環を断絶させない叡智のおかげである。文化、カルチャーは耕作するというカルティベートから派生した言葉であるが、牧畜から農耕へ、遊牧から定住へ移行するのが文化の発展、生活の進歩と理解されてきた。しかし、農耕と定住という文化の象徴が人口を増大させ、結果として自然環境を悪化させてきたと理解すると、遊牧民族の文化は見直すべき価値のあるものである。

8-9 草原に維持される地域社会

遊牧生活をしているモンゴルの人々だけではなく、これまで取材してきた各地の先住民族に共通するのは、訪問してきた人々への手厚いもてなしである。今回も砂漠のゲルを訪問すると、最初に全員に「スーティーツァイ」という御茶が提供される。熱湯に茶葉を投入し、大量の羊乳を追加した一種のミルクティーであるが、大型の茶碗で何杯でも提供される。付近に井戸や河川があるわけでもなく、真水は遠方の井戸からタンクで運搬してきた貴重なものであるが、それに拘泥することはない。

宿泊事情が不明であったので、我々はテントと寝袋を持参し、草原で宿泊する予定であったが、訪問した家族の当主が、わざわざ十数キロメートルも遠方にある倉庫から住居であるゲルを運搬してきて組立て、宿泊のために用意してくれるという経験もした。草原を走行している途中で故障している車両を見掛けると、わざわざ停車して、可能であれば修繕を手伝い、場合によっては貴重なガソリンを無償で提供することも特別のことではなかったし、パンクしたチューブを修理していたこともある。

このような互助生活は、かつての日本でも普通であったが、都会という高密の社会では、そのような美風が急速に消滅していっただけではなく、隣家の騒音が原因で殺人まで発生することも特別の事件ではなくなりつつある。さらに年間に数万という人々が看取られることもなく死亡する無縁社会さえ登場してきた。地域社会が希薄になってしまったのであるが、隣家とは数十キロメートルも距離のある分散した居住形態で、しかも頻繁に家族単位で移動しているモンゴルの草原には地域社会が確固として存在している。

８‐10 共有の精神がもたらす社会

先住民族の社会に共通しているが、モンゴルの草原にも土地を私有する概念はない。それでも長年の慣習により、紛争なく草原を使用している。アメリカの生態学者ギャレット・ハーディンの「共有用地の悲劇」という有名な論文によれば、私有の牧場と共有の牧場があると、牧民は共有の牧場を優先使用するから、共有の土地が最初に荒廃するのであるが、全体が共有されている土地であれば悲劇は発生しない。実際にモンゴルでは共有の土地が数千年間、良好に維持されてきている。

この精神はモンゴルの現代社会にも浸透している。現在、政府で「バヤン・モンゴル・コーポレーション」の設立が検討されている。モンゴルには、まだ開発されていない鉱物資源が豊富に存在しており、外国企業も参入しているが、政府が国有の鉱山会社を設立し、その株式を国民全員に配布して利益を共有するという構想である。上手くいかないという意見も散見するが、そのような発想が政府で検討されること自体が驚異であり、共有という精神の社会への浸透を証明している。

しかし、約二八〇万人のモンゴルの人口の約四〇％に相当する約一二〇万人が急速に集中してきた首都ウランバートルでは土地が売買され、それだけが原因ではないにしろ、貧富の格差が拡大し、犯罪が増加している。ウランバートルの北側の丘陵地帯には低所得者が集中している住宅地域が拡大しているが、国民の大半が遊牧で生活していた時代には存在しなかった光景である。そのような変化が社会の発展ということかもしれないが、それに疑念をもたらす光景である。

モンゴルは石炭、銅鉱、ウランなどについて、世界有数の潜在的資源国であり、現在でも鉱業が経済の四分の一近くを分担しているし、今後、開発をしていけば十分に経済発展も期待できる国家である。近代国家としては一〇〇年にもならないが、チンギス・ハーンがモンゴル帝国を開基した時代からは八〇〇年の歴史を保有し、遊牧民族としては数千年間の歴史をもつ民族である。その遊牧の背景にある共有の精神を社会に浸透できれば、独特の国家として存在できることは確実である。

９　極地に実現する生命圏域（ラップランド　サーミ）

図１　北極圏内にあるアルタの光景

９－１岩絵に記録された古代

ノルウェイ、スウェーデン、フィンランドの北欧三国に展開するスカンジナビア半島の北端のノルウェイ領内にアルタという場所がある。位置は北緯約七〇度の北極圏内であるから、真夏でも海岸からは氷雪で真白な島々が遠望でき、北欧という言葉を想像させる一帯である（図１）。地域の面積は埼玉県程もあるが、人口は約一万七〇〇〇人で、氷河が掘削したフィヨルドに直面する斜面に中心の都市アルタが位置するが、寒村という言葉が似合う場所である。ところが最近、ここを多数の人々が訪問するようになった。

一九七二年秋、アルタ市街付近の海岸に

図２　サーミの祖先の記録したアルタの岩絵

ある花崗岩上に、トナカイ、ヘラジカ、クマなどの動物や、漁労や狩猟をする人々の様子を彫刻した絵画、いわゆる岩絵が発見され、一九八五年夏にユネスコの世界文化遺産に登録された効果である。テレビジョン番組の撮影のため白夜の時期に訪問したが、荒々しい岩山の山麓の岩盤に彫刻され朱色に彩色（最近の補修）された絵画は、ラスコーやアルタミラの洞窟の壁画に匹敵する、一見稚拙ではあるが、動物が躍動する絵画であった（図２）。

岩絵が点在する海岸一帯の周囲は氷河が掘削したことを明示する岩肌が露出した急峻な斜面であるが、海岸が隆起してきた関係で、比較的上の部分には現在から六二〇〇年前の作品、海岸に接近した平坦な下部には二五〇〇年前に制作された作品というように、広範な時代に分布する約五〇〇〇点の作品が発見されている。現在は巡回する木道が整備され、主要な作品を見学することができるが、それらを制作したのがスカンジナビア半島北部に生活する先住民族サーミの祖先ではないかと推定されている。

サーミは、かつてはラップという名称で世界に通用していた。しかし、「ラップ」という言葉はフィン語系の言葉で端部とか辺境を意味する「ラッペア」を語源とし、「ラップランド」は辺境の土地、「ラッパライネン」は辺境の住民という一種の差別用語であるということで、現在は「サーミ」が使用されるようになっている。これはサーミの人々の自称であり、かつてエスキモーが生肉を食料とする人々という意味であったため、最近では「イヌイット」と変更されたのと同様、いずれも人間という意味である。

9 - 2 先住民族ならではの苦難の歴史

サーミが歴史に登場するのは、古代ローマ時代の歴史学者ユリネリウス・タキトゥスが一世紀末に発表した地誌『ゲルマーニア』が最初とされ、そこでは「フェンニー」という名称で、野生動物を狩猟する民族として記述されている。しかし、実際は一万年近く以前、ヨーロッパ全体が次第に温暖になりはじめた時期、北上するトナカイなどを追跡してスカンジナビア半島北部まで到達したようであり、アルタの岩絵も前述のように、それらの人々の作品と推測されている。

現在、サーミはスカンジナビア半島の北部にのみ生活しているが、その人数はノルウェイに約三万人、スウェーデンに約一万七〇〇〇人、フィンランドに約四五〇〇人、ロシア西部に約二〇〇〇人といわれ、合計しても六万人弱であり、北欧三国の人口の〇・三%にもならない。ところが意外に世界では有名な民族である。それは現在では定住しているものの、かつては極寒の土地でトナカイとともに遊牧生活をし、そのトナカイが牽引するソリで登場するサンタクロースの効果である。

このサンタクロースは実在の人物ではなく、観光目的で創作された物語である。背景には、四世紀頃にトルコ西部のエーゲ海側の都市イズミールに実在し、子供にプレゼントを提供していたニコラス司教と、アメリカのクレメント・クラーク・ムーアが子供のために創作した「サンタ・ニコラスの訪問」という物語が存在する。後者にトナカイが登場していたために、トナカイを放牧しているサーミに関係づけられ、フィンランド北部の都市ロバニエミなどで観光事業とされたものである。

しかし、このような幸福なイメージとは裏腹に、大半の先住民族と同様、サーミも苦難の歴史を経験している。一三世紀から一六世紀まで、北欧の国々が領土拡大を目指していた時代、トナカイとともに自由に往来していたサーミの土地はノルウェイ、スウェーデン、ロシアの三国に分割され、同一民族が国境によって分断される事態に遭遇する。それでも遊牧生活は継続していたが、一八世紀の中期に関係諸国が国境協定を締結し、サーミは定住を選択せざるをえない境遇になった。

一八世紀後半になると、北欧諸国の人口増加とともに、定住場所の開拓の目的で南部から多数の人々が北部へ移住を開始し、サーミはさらなる辺境へと移動せざるをえなくなる。そして一九世紀の列国が帝国主義へ邁進する過程で明確な国境が画定され、それらが領土を確定するとともに、何千年間も継続してきた遊牧生活を放棄せざるをえない状況になった。それとともに遊牧民族としての伝統を維持することも困難になり、北欧社会での地位が低下していったのである。

９‐３民族団結の契機となった事件

そのような時期にスカンジナビア半島に分散するサーミが団結する契機となる事件が発生した。岩絵が発見されたアルタはアルタという河川の河口にある。一九五〇年代になり、その河川の上流に、ノルウェイ政府が巨大なダムの建設計画を発表した。それによって河川の上流の水位が上昇し、サーミの人々が生活している場所のみならず、トナカイを放牧している森林まで水没し、中心にある村落マージの教会の尖塔さえ水没することが判明し、これが口火となって反対が顕著になった。

一九七九年秋、サーミの七人の若者が首都オスロの議事堂前で断食による抗議を七日続行し、現場では工事阻止の実力行使も実施された。そして反対運動の中心人物が紛争の最中に負傷したことを契機に、サーミだけではなく、環境保護団体やサケの漁業団体も参加する反対運動に発展し、計画は何度も縮小されたにもかかわらず、反対運動は激化していった。しかし、議会は水力発電施設を地下に建設するなど妥協したものの、ダムの建設を議決し、アルタダムは結局実現した。

しかし、この反対運動が発端となって、八七年秋にノルウェイでサーミ議会を設立する法律の成立、八九年秋に最初の議員選挙の

図３　サーミ議会に掲揚される民族旗

図４　民族衣装にあふれるサーミ議会

実施、同年、最初の議会が開催された。これは以後、スウェーデンとフィンランドにも波及している。ノルウェイのサーミの中心都市カラショクには木材を豊富に使用した議会建物があり、サーミの族旗が掲揚されている（図３）。たまたま議会の開催されている時期に訪問したが、青色や赤色の派手な原色の民族衣装の人々が議会で議論し、獲得した権利を享受している風景であった（図４）。

番組の撮影のため、反対運動の象徴となった教会の尖塔があるマージの村落を訪問した。急峻な谷間に存在する村落は、現在では子供が川沿いの小道を散策している平穏な環境で、教会の尖塔も無事に存続しているが、ノルウェイでは人口の〇・七％にもならない先住民族が団結して政府に発言できる権利を獲得する発端となった土地であり、案内してくれたサーミ文化研究所長が詠唱してくれたマージを賞賛する民族音楽ヨイクの歌声とともに感慨をもたらす場所であった。（図5）

9-4 哀愁の民族音楽ヨイク

このヨイクは、アイヌのユーカラやケチュアのフォルクローレと同様にサーミの伝統音楽であるが、一定の歌詞や一定の旋律があるわけではなく、時々の状況に対応して即興で歌唱される歌曲である。サーミ文化研究所長の詠唱も集落が存続した感動を表現した内容であった。その起源は森羅万象に内在する精霊と交信するときの音楽で、交信能力を高揚させるために、ベニテングタケを服用して幻覚状態になり、そのときに大声で歌唱していたものから発展してきた。しかし、このヨイクにも苦難の歴史がある。

図5　水没予定であったマージ村落の教会でサーミ文化研究所長と談話する筆者

一六世紀になってラップランドでも布教活動を開始したキリスト教会にとって、超自然的な精霊を信仰対象とする土俗宗教は邪魔な存在であった。とりわけ精霊や太陽や大地との交信能力をもつシャーマンであるノアイデは布教の邪魔として弾圧され追放され、それと並行してヨイクの歌唱も禁

図６　ラップランドの森林で民族の歌謡ヨイクを熱唱する歌手

止されてきた。一神教的宗教の独善を象徴する物語である。そのような迫害の歴史の結果、ノアイデは一九世紀中頃にサーミ社会から完全に消滅したが、ヨイクはしぶとく現在まで存続してきた。

そして一九九四年冬にノルウェイのリリハンメルで開催された冬季オリンピックの開会式典で、フィンランドの詩人ニルス・アスクラ・ヴェルケアパェがヨイクを熱唱し、サーミの人々の民族意識を高揚させる契機となった。最近では、ワールド・ミュージックの隆盛のなかで、マリ・ポイネをはじめとして世界規模で評価されるヨイク歌手が登場している。残雪の山脈を背景にした森林でサーミ出身の歌手のヨイクを鑑賞したが、少数民族の哀愁を表現する素晴らしい芸術であった（図６）。

9-5 公用言語に復権した言語サーミ

民族にとって音楽以上に重要な社会の基礎は言語である。サーミも独自の言語サーミを使用してきたが、これも近代国家を成立させるための同化政策の過程で禁止されてきた。しかし、ノルウェイでは一九九〇年にサーミの集中している地域ではサーミの言葉を公用言語とする法律が成立し、カラショクにはサーミ言語で放送する国営のサーミ語放送局が設立され、カウトケイノにはサーミの言語と文化を研究する施設が設置されている。使用している人口は約二万人であるが、民族にとっては重要な復権である。

どちらの施設も簡素ではあるものの、国境に関係なくサーミの連携を推進するという明確な意志が発信されている場所であった。北欧諸国が近代国家に移行する過程でサーミは土地を収奪されて遊牧生活から定住生活への移行を強制され、キリスト教会の布教活動によって伝統の信仰を剥奪され、国家が中央集権を強化していく過程で言語を喪失しそうになった。しかし、執拗な抵抗により、それらを維持してきたのがサーミの歴史である。

ここ数千年間の世界を要約すれば、多様で分散していた社会を画一の方向に統合してきた歴史である。独立していた地域は巨大な国家の一部となり、無数の多神教的宗教から少数の一神教的宗教が優勢となり、部族ごとに相違していた言語も統一される方向に進展してきた。しかし、先住民族の各地での活動は、再度、多様な社会へ回帰する闘争である。日本でも中央集権から地域主権への転換が議論されているように、これからの社会の基本となる精神は多様であるとすれば、先住民族の活動を注目する意義は十分にある。

図7　放牧されているトナカイ

ラップランドに生活するサーミといえば、一般にはトナカイと一体となって移動する遊牧生活を連想する。しかし現実には、これまで紹介してきたような社会構造の変化により遊牧生活は皆無となり、広大な土地にトナカイを放牧して、一年に一度だけ、トナカイを管理するための活動をする生活が一部に残存している状態になっている。それでもトナカイの飼育を生業とする人々も存在しており、それらの人々の社会にはサーミの文化が色濃く反映している。

9-6　耳切という一大行事

ラップランドという地域から連想される動物はシカの一種トナカイ、別名カリブー、英語ではレインディアである（図7）。現在ではアメリカ大陸やシベリア大陸の北部、グリーンランド、そしてラップランドにかけての北極圏内に棲息しているが、古代ローマ時代のユリウス・カエサルの『ガリア戦記』にも記録され、また、トナカイという和名はアイヌの言葉に由来するから、かつては現在より低緯度域にも広範に生息していたと推定されている。そしてラップランドでは放牧された家畜として飼育されている。

放牧されているトナカイは主要なエサであるコケなどの生育している北欧三国内部の各地を国境に関係なく自由に移動しており、普段は飼育する手間はかからないが、サーミの人々にとって一年に一度の一大行事がある。耳切といわれる仕事である。多数の家族がトナカイを放牧しているが、放牧場所は区分されているわけではないので、様々な家族のトナカイが一団となって移動している。春先になるとトナカイには子供が誕生するが、その子供の所属を確定する必要があり、それが耳切である。トナカイの子供は母親と一緒に行動するので、母親の持主が特定できれば子供の所属も決定できる。母親のトナカイの耳先には持主を区別するための切目がつけてあり、その形状で持主が判別できるようになっている。それを根拠に子供の所属を確定し、今年誕生した子供の耳先に同様の切目をつけるのが耳切である。今回、テレビジョン番組で紹介するために、ある家族の耳切の作業に同行して撮影したが、予想できない事件の連続で、なかなか大変な仕事であることが理解できた。

現代社会では、日時と場所を事前に確定して行動することが常識である。ところが耳切の作業は、当然といえば当然、トナカイ次第であるから、日時も場所も直前にならないと確定できない。しかもラップランドは日本の国土面積と同等の広大な土地であるから、トナカイの集団が移動している場所を発見することからして容易ではない。最近ではヘリコプターやオートバイも利用されるようになっ

図８　耳切のときの宿舎となるコタ

ているが、かつてはスキーなどで原野を往来していたから一年に一回の大変な仕事であった。

今回も七月初旬になってから、決定した耳切の日程の直前に連絡があり、待機していた撮影部隊が日本から急遽スウェーデン北部に出発し、ヘリコプターで現地に合流した。現地では丸太を円錐に組立ててトナカイの毛皮で外張りした「コタ」といわれるテントを何棟も設営し、そこに一族が集結して作業をする（図８）。まず夕方から二台のオートバイが半日かけて何千という一群のトナカイを遠方から設営場所付近に集結させ、最後はヘリコプターなども利用しながら草原に仮設で設営した柵内に追込む。

ここから白夜の青空を背景に勇壮な活劇が展開される。柵内を全速で周回しているトナカイのなかから自分の一族の耳切をし

図９　勇壮な白夜のなかでの耳切

てある母親を見分け、一緒に並走している子供を投縄で捕獲する。熟練の腕前とはいえ、必死で逃走する動物が相手であるから力技の格闘になり、ようやく捕獲して傷付けないように固定して耳切をする（図９）。一日で終了するわけではなく、何日も悪戦苦闘して数千にもなる頭数の子供に耳切の処置をすると、一年の一度の行事が無事終了ということになる。

コタの内部は中央に小石で取囲んだ焚火の場所がある以外は広々とした快適な空間で、作業の開始までは一年に一回の顔合わせをする親族が団欒をする素晴らしい空間である。しかし、作業が終了してからも、遊牧生活の名残のある自然に配慮された空間であることが証明される。コタを解体して丸太や敷皮を片付けて、かつてはソリで、現在ではトラックで撤去すると、そこには焚火場所の小石と木灰がわずかに人間の痕跡を記録するだけで、完全に自然の状態に回復するのである。

9-7 環境の限界を超越しない生活

かつての遊牧生活ではなくなったものの、サーミの人々の生活には、現代の文明社会が喪失してしまった多数の精神が残存していることを実感する。第一は自然と一体の生活というよりは、自然を中心とした生活の意義である。トナカイの耳切は一年で最大に重要な行事であるが、その日程は人間社会の都合には関係なく、トナカイの都合や自然環境の都合で決定されるのである。一例として、気温が低下しないと、トナカイが元気すぎるので耳切は困難であり、適切な温度に気温が低下するまで待機する。

現代の畜産は人間が必要とする牛肉なり牛乳なりを常時かつ最大に入手するため、季節に関係ない人工のエサに薬品を混入して飼育し、場合によっては出産の時期さえ薬品で制御する。そして可能なかぎり飼育頭数を増加させるため、環境を制御できる人工の施設で飼育する。トナカイを放牧しているサーミの人々に飼育頭数を増加させないのかと質問すると、自然のコケなどのエサには限界があるし、一族で世話できる限界もあり、その範囲でしか放牧しないという回答であった。節度が意識されているのである。

このような状態を現代科学はバイオキャパシティとエコロジカルフットプリントという言葉によって説明する。バイオキャパシティとは、ある地域の自然環境が持続して生産可能な能力、エコロジカ

図 10　フィンランドモスの状態を調査する係官

ルフットプリントとは、そこで生活する動物なり人間が生存するために自然を利用する程度である。前者が後者以上であれば、自然は長期に継続して利用できるという計算である。一例としては、地域の面積で生産可能な食料の総量と、その地域で生活している人間の必要とする食料の総量の関係である。

それは理論ではあるが、サーミの人々は複雑な計算するわけではなく、長年の経験により、この理論を実践してきた。さらに最近では科学調査によって自主規制もしはじめている。トナカイの主食はフィンランドモスと名付けられるコケの一種であるが、地域を管理する係官が森林内部の三〇センチメートル平方程度の区画のコケの生育状況を調査し、その数値によって、地域で飼育可能な頭数を算定して規制する（図

10)。しかし、長年の経験によって、人々は自主規制しているのが現実である。

9-8 環境を中心とする生命圏域

現在でもトナカイが放牧されるラップランドは、ノルウェイ、スウェーデン、フィンランドの北部と、ロシアの西部を包含する地域であるが、トナカイはもちろん、遊牧生活をしていたサーミの人々も国境に関係なく自由に往来していた。現在、ロシアとの国境は閉鎖されてしまったものの、北欧三国の領土であるスカンジナビア半島の北極圏内は自由に通行可能になっている。国境という人為的境界線が登場する以前からの行動様式であるから当然であるが、サーミの人々にとってはトナカイが行動する範囲が領土であった。

このように生物の行動を背景にして設定された圏域をバイオリージョン、生命圏域という。これは一九七〇年代にアメリカの生態学者レイモンド・ダスマンが提唱し、環境運動を展開しているピーター・バーグが社会に浸透させる努力をしている概念である。気候や地質が類似し、動物や植物の生態が同一であり、結果として文化や伝統が共通している地域を一体の圏域として構想することが、環境を維持していくために重要であるという発想である。しかし、現実の生命圏域は行政圏域によって寸断されている。

一例として、一本の河川の源流から河口までは、行政圏域では上流が○村、中流が◇町、下流が□市というように人間の都合で分断されている。しかし、魚類も鳥類も獣類も市町村界に関係なく自由に往来しているし、かつて河川は交通の要路であったから上流と下流は食事や行事などの文化も類似しており、流域は生命圏域を形成している。同様に湖沼の周囲、湾内の湾岸、離島や半島、独立した高山の山麓なども生命圏域であり、それぞれが共通する生態を維持し、他所にはない独特の文化を共有してきた。

現在、都道府県や市町村界という国内の境界であれば、大抵の場所は自由に往来できるが、国境となれば、ＥＵなどの一部を例外として、パスポートの携帯や入国の審査が必要であり、生命圏域より行政圏域の権限が上回っている。そのような時代に、行政圏域よりも生命圏域のほうが上位にあるのがラップランドである。国境紛争が増加している現在、生命圏域を行政圏域の上位にすることは困難であるが、ラップランドに現存する生命圏域を参考にすれば、今後の世界の自然と文化を維持していくための戦略が浮上する。

９－９　環境先進国家から情報先進国家への飛躍

日本の国土面積に匹敵するラップランドでテレビジョン番組を撮影するため、連日、数百キロメートルを移動し、白夜の夕方に集落に到着して旅館に宿泊するという生活を経験したが、そこで感嘆したことがある。質素な田舎の宿泊施設であっても、例外なく、高速の無線ネットワークが整備され、インターネット回線が無料で利用できる環境になっていたことである。日本で山奥の温泉旅館に宿泊したときでも、高速のインターネット回線が自由に利用可能という感覚である。

そこで北欧三国の情報通信環境を調査してみると、二〇一〇年の時点で、コンピュータの人口あたりの普及比率はスウェーデンが世界一位、ノルウェイが二位、フィンランドが九位、インターネットの普通比率はスウェーデンが三位、ノルウェイが四位、フィンランドが一一位というように、すべて上位である。また、今回の対象ではないが、スカンジナビア諸国に範囲を拡大しても、デンマークはどちらも五位、アイスランドは八位と一位である。参考までに、日本は二二位、一〇位である。

また北欧諸国は環境先進国家とも評価されているが、これは情報先進国家と密接な関係がある。その背景にあるのは、北欧諸国が環境被害国家であったことである。一九四〇年代、スカンジナビア半島の針葉樹林が大量に立枯れ、多数の湖沼が酸性になって魚類が死滅した事件が発生した。当初、原因は不明であったが、六〇年代になり、スウェーデンの学者スバンタ・オーデンが東欧諸国などで大量に使用する石炭の排煙による酸性の降雨が原因ということを解明し、オーデンは酸性降雨の父親と命名されることになった。

その直後から、北欧諸国は世界最初の環境問題の国際会議「国連人間環境会議」をストックホルムで開催するなど、環境問題に対応してきた。また八〇年代から越境する大気汚染を制限する国際条約を次々と成立させ、九〇年代初頭から炭素税制を導入してきた。そして自国が環境加害国家にならないために、産業構造を情報産業に転換してきた成果として、しばらく以前まで携帯電話で世界の三割を占有するノキアがフィンランドに、携帯電話の特許を大量に保有するエリクソンがスウェーデンに存在するようになったのである。

二一世紀最大の国際問題とされる地球規模の環境問題を解決するため、多数の国際会議が毎年開催されているが、国境に関係ない問題であるという理解は共通するものの、解決の議論となると途端に国境を前提として紛糾する。各国が自国の国益を主張することは政治の立場では当然であるにしても、環境を背景にする生命圏域を意識した範囲で解決の糸口を発見することは重要である。そのような意味で、世界で唯一の生命圏域で生活しているサーミの人々の社会に見習うことは多数存在する。

10 過酷な自然を数万年維持する先住民族（オーストラリア　アボリジニ）

10－1 数万年前に発見されていた南方の大陸

一章で紹介したように、北米大陸について「だれがコロンブスを発見したか」という物語が成立するのと同様に、オーストラリア大陸についても「だれがウィレム・ヤンツを発見したか」という物語が可能である。はるばるヨーロッパから航海してきたヤンツを陸地から観察していたのは、数万年以上前にオーストラリアへ到来していたアボリジニの人々である。アボリジニという名称は原住民族という一般名詞であるが、現在ではオーストラリアの先住民族を意味する言葉として使用されている。

七万年前から地球の大気の温度が大幅に低下した最終氷期が到来し、大量の降雪によって氷河や氷床が発達し、その影響で海面が約一二〇メートルは低下した。その時期にオーストラリア大陸と陸続きになったニューギニア方面から渡来してきたのがアボリジニの祖先とされる。しかし、それ以後の気温上昇による海面上昇によってオーストラリア大陸はトレス海峡によって隔離され、その孤立した陸地のなかで混血を継続しながら、大陸全土に分散していったのがアボリジニである。

しかし、日本の面積の約二〇倍という広大なオーストラリア大陸の自然条件は地域ごとに大幅に相違しており、そのような場所にせいぜい数十万人が生活していただけであるから、それぞれの地域の気候条件や風土条件を反映して独自の文化が発展をし、これまでの調査では、約二五〇の言語、約七〇〇の部族が確認され、言語を基礎に二六から二八の系統に分類されている。それぞれの文化は現在も各地の洞窟や岩肌などに残存するアボリジナル・アートといわれる岩絵として記録されている。

孤立した大陸で数万年間も安泰な生活をしていた数十万人のアボリジニに、一八世紀後半、突然の災難が襲来する。この未開の土地を大英帝国が囚人を流刑する土地に選定し、一七八八年を皮切りに次々と船団が囚人を輸送してきたのである。それらの人々がもたらした疫病に免疫がないためにアボリジニは大量に死亡し、野蛮な人々の狩猟の対象として殺害され、一八二八年には、イギリス兵士にアボリジニを捕獲・殺害する権利を保障する法律が成立し、人口は一割程度に激減し、ついに一八七六年にタスマニアの純血のアボリジニは絶滅した。

さらに一八五一年になり、シドニーの北西約二六〇キロメートルの地点で金鉱が発見されてゴールドラッシュとなり、世界各地から大量の移民が殺到した。一八五一年には四四万人程度であった人口が一〇年後には約一一七万人に急増したという数字が当時の混乱を明示している。とりわけ多数であった中国からの移民と白人との軋轢が頻発し、有色人種の移民を制限する白豪主義が登場する。オーストラリアは人種差別を国是とする世界最初の国家となり、その影響でアボリジニはさらなる迫害に遭遇することになる。

二〇世紀初頭、オーストラリアはイギリス連邦の一員として連邦国家となり、一九二〇年代になってアボリジニの保護政策を開始するが、それは白豪主義を背景にしたものであり、白人の入植していない地域への強制移住や、子供を親元から隔離して白人家庭で養育する「略奪された世代」政策など、民族の血統を消滅させる方向の政策であった。結局、この政策については二〇〇八年二月一三日に第二六代首相ケビン・ラッドが議会で公式に謝罪し、間違ったものであったことが明白になった。

図1　ドリーミングの説明をするアボリジニ

10－2 狩猟採集生活を維持してきたアボリジニ

このような苦難の歴史を経験してきたアボリジニであるが、世界全体が先住民族の権利を回復する方向に転換する気運のなかで、アボリジニの地位も変化してきた。それを象徴するのが、二〇世紀最後のオリンピックであるシドニー大会で、アボリジニ出身の女性陸上走者キャシー・フリーマンが聖火リレーの最終走者として開会式場で聖火を点灯したことである。このようにアボリジニも次第に名誉と権利を獲得し、一九九〇年代には先住の権利が認定され、居住していた土地の権利も回復するというまでに変化してきた。

そのような動向と並行して、アボリジニが細々と維持してきた固有の文化についても、最近では急速に価値が評価されるよう

図２　カンガルーの所在をドリーミングで判断するアボリジニ

になっている。文字をもたない民族が先祖伝来の叡智を継承するための絵画（アボリジナル・アート）は抽象絵画として売買され、宗教儀式に使用されたと推定される木管楽器ディジュリドゥのコンサートも開催されるようになっている。それは異質の文化への関心というだけではなく、アボリジニの蓄積してきた固有の文化を理解するための手段としても注目されるようになってきたのである。

世界各地の先住民族と比較して、アボリジニの最大の特徴は狩猟採集生活を現在も維持していることである。多数の先住民族は西欧諸国の文化と接触することにより、ある場合は強制により、ある場合は自発により、自由に移動する狩猟採集生活を放棄し、定住して農耕牧畜を主業とする生活に転換してきた。アボリジニも都会で生活し

図3　ドリーミングで決定した場所でミツアリを採集

ている割合は増加しているが、それでも移動生活をしている人々も存在し、最近では、定住生活を敬遠して、かつての生活様式に回帰する人々も増加している。

人類の歴史を猿人から計算すれば約六〇〇万年になるが、その約九九・八％の時間は狩猟採集で生活をしてきた。この最後の一％未満の期間に、人間は農耕牧畜を手中にし、ほんの直前に工業生産を開始した。この変化が進歩であるというのが、これまで学校などで教育されてきた内容である。しかし、地球規模の環境問題が切迫してきた現在、この進歩が資源消費を急増させ、環境問題の有力な原因になっているという見解もあり、狩猟採集生活が見直されはじめている。

図４　カカドゥ国立公園にあるアボリジニの壁画

10 - ３生活規範であるドリーミング

アボリジニの文化で有名なものはドリーミングである。この英訳が適切ではないので正確に理解することが容易ではないが、簡単に説明すれば、民族の誕生以来、祖先から伝承されてきた神話や伝説ということになる。しかし、世界の数多くの民族の神話や伝説と相違するのは、それらがはるかな祖先の創造した物語であり、考古学的価値しかないという過去の遺産ではなく、現在でも動物を狩猟する場所、結婚の相手となる部族の選定、移動するときの経路など、人々の日常生活の規範になっていることである（図１）。

撮影旅行のとき、それがどのように利用されているかを体験したことがある。カンガルーの狩猟に随行したとき、狩猟場所である草原の入口で、どの方向にカンガルー

図５　ワニ出没注意の標識

が棲息しているかを長老二人が相談している（図２）。どのようにして場所を決定するのかと質問すると、この部族のドリーミングを基準にしているという返事であった。同様に女性が乾燥地帯の地中に棲息しているミツアリを採集するときもドリーミングによって掘削する場所を選択するということであり（図３）、完全に日常生活の規範になっている。

北部のカカドゥ国立公園の一部の岸壁には数多くの壁画が保存されている。ある壁画は昆虫のような生物と両足を開脚した人間が描写されている図柄である（図４）。現地での案内によると、バッタが大量に出現してくると雨期になるので、高台に移動するようにという意味とのことである。たしかにカカドゥ国立公園の一帯の道路には水位が増大してワニが出没することを警告

図６　ウルルの足元

する標識が各地に設置されているほどである（図５）。それほど水位に差異があるから、このようなドリーミングは現代においても意味があることになる。

日本の約二〇倍という広大な面積で、気象条件も地質条件も多種多様な大陸に約七〇〇の部族が数万年間も分散して生活してきたから、当然のようにドリーミングの内容も部族ごとに相違する。それらは部族の生活規範であるから、だれにでも公開や伝達するものではなく、外部から訪問してきた人間にも公開する内容、部族の男子だけ、女子だけに伝承する内容など、厳密に区分されている。したがって、撮影で訪問した程度の人間には、当然ながらほとんどの岩絵の意味は秘密状態であった。

それを実感した経験がある。大陸の中央部分の砂漠の中心に屹立するエアーズロックは、アボリジニの復権により現在では地域のアボリジニの言葉でウルルと名称が変更になっているが、その巨大な岩山の足元の洞穴には多数の岩絵が記録されている（図6）。それらは歴史遺産ではなく現在も部族の人々の崇拝する聖地であり、接近しての撮影が禁止されているだけではなく、遠方からでも手前の樹木で隠蔽しないと撮影が許可されず、当然のこと、その意味も詳細には説明できないということであった。

10‐4 定住しない生活の優位

気候変動と人間社会の関係について多数の著作を発表しているアメリカの考古学者ブライアン・フェイガンは「一万年前に、農耕によって人間が農地に拘束されるようになり、移動することによって可能になっていた選択の機会が減少した」と説明している。移動しながら食料を確保する狩猟採集生活であれば、気候変動などによって生活している場所の環境が悪化してくれば、自由に最適の土地を選択して移動できるが、農耕牧畜は簡単に移動できないために選択する範囲を制限したということである。

そのため「頻繁に発生する気候変動がもたらす脅威を回避する努力をするが、その結果、より巨大な災害について対応できにくくなりつつある」ということになる。農耕に適切な湿地周辺に定住して水田を整備してしまうと、海面の上昇というような巨大な災害から簡単に逃避できないために、堤防を嵩上げするなどの努力をせざるをえなくなる。ある意味では逆説であるが、定住する農耕牧畜生活よりは、移動する狩猟採集生活のほうが安全や快適という視点からは高度な生活形態ということである。

世界最古の都市文明を構築したメソポタミア文明はチグリスとユーフラテスという二大大河から導水した灌漑農業によって繁栄したが、気象条件の変化により、ユーフラテス川沿いの肥沃な平原が砂漠になり、そこを放棄する過程で衰退していった。これは過去の歴史だけではない。世界第四の湖水アラルへ流入する二本の大河の淡水を途中の砂漠地帯に大量に導水した結果、湖水面積が三分の一近くに縮小したのは二〇世紀のことである。農耕牧畜による定住という選択は最適というわけではない場合がありえる。

人口が七〇億人を突破し、地球が養育できる限界以上に人間が繁殖してしまったのと同時に、網目のように国境が画定されてしまった現在、人々が定住しないで自由に移動することは紛争の原因でしかない。しかし、田畑や牧場を拡大するために次々と森林や湿地を消滅させ、そこを住処としていた動物を絶滅させ、工業生産によって資源を枯渇させている現在の生活様式を持続することは困難になりつつある。アボリジニの定住しない生活様式から未来の方向を学習することも必要かもしれない。

この農耕牧畜と工業生産という文明は蓄積という概念を基礎としている。農耕牧畜は穀物や家畜を大量に生産して蓄積するという意味で蓄積が基礎であるし、工業生産は地球が膨大な時間をかけて蓄積してきた化石燃料や鉱物資源を蕩尽しながら発展してきた文明である。そして、農耕牧畜は灌漑用水の限界により、工業生産は化石燃料と鉱物資源の限界により、現在以上の拡大は困難という事態に直面している。狩猟採集から農耕牧畜、そして工業生産へという方向が適切であったかが疑問とされる時代が到来している。

自然の蓄積を収奪して人工の蓄積に加工し、その製品を一生懸命に蓄積して生活している現代文明は、わずかな狩猟道具と身辺の備品のみを携帯して移動しながら生活している人々の視点からはきわめて奇妙な存在である。狩猟採集から工業生産へ、もしくは再生可能から蓄積浪費へという文明の方向を疑問とすることなく発展してきた文明は見直しの時期に到達している。そのような意味でもアボリジニの人々が何万年間も維持してきた文化は一層の価値を発揮する時代なのである。

10－5 見直されはじめたアボリジニ文化

イギリスからの入植が開始された一八世紀以後はアボリジニの人々にとって災厄の年月であったが、一九六〇年代以後の法廷闘争などによって人権が次第に回復され、土地も返還されるようになった。現状でオーストラリア大陸全体の約一六%がアボリジニの土地になっている。一六%といえども日本の国土面積の三倍以上であるから広大な面積である。権利回復の好例がウルルの土地で、アボリジニの人々にとっては関心のない世界遺産に登録するとき、オーストラリア政府が九九年間の租借をして登録したという経緯がある。

そのような復権とともに、アボリジナル文化への関心も急速に増大している。第一に注目されているのはアボリジナル・アートである。本来はドリーミングを伝達する手段であり、芸術作品でもなければ、継承する目的で作成されるものでもなく、砂絵であれば消去されてしまうし、岩絵も次々に上書きされてしまって過去のものは消滅してしまっている。しかし最近では芸術作品として取引される対象にもなり、エミリー・ウングワレーなどは世界各地で個展が開催されるほどの有名画家になっている。

ブッシュタッカーといわれるアボリジニが食材としてきた動物や植物への関心も増大しており、専門のレストランもオーストラリア各地で開店している。カンガルー、エミュー、ワニなどの肉類はスーパーマーケットなどで販売されているし、アメリカなどへ大量に輸出もされている。野草や果実も注目され、一例としてブッシュトマトといわれる野生の小型のトマトは栽培されているトマトに比較してビタミンの含有比率が約一〇倍といわれるし、香草なども珍重されている。

ブッシュタッカーを調理して提供しているレストランのシェフと対談したとき、アボリジニの精神が社会に浸透しているという経験をした。どのようにして食材を入手しているかと質問したとき、アボリジニから購入しているということであったが、それは自分たちが原野に採集に出掛けると、手当たり次第に採集して根絶やしにしかねないので、資源が持続する方法を熟知しているアボリジニが採集するのがいいからという返事であった。入植から二二〇年にして先住民族の叡智が理解されつつあることを実感した。

10 - 6 森林を維持してきたブッシュファイア

しかし、アボリジニの叡智が現代のオーストラリアに最大に貢献しているのはブッシュファイアである。これは日本の野焼きや山焼きに相当する。日本では野焼きは阿蘇山麓のように草原で実施されるが、ブッシュファイアは森林で実施されるという相違がある。森林の野火というと大火になりそうであるが、数万年間の経験で安全が確保されている。オーストラリアでは日本の冬期が雨期、夏期が

図７　政府も採用したブッシュファイア

乾期であり、その雨期から乾期に移行する樹木が水分を十分に蓄積している時期に実施され、広範に拡大することはない。

実際、北部の森林でブッシュファイアの作業を見学したときに叡智を実感した。背丈ほどある草叢のあちこちに点火していくのであるが、数分もすると下火になって自然に鎮火する。ユーカリなどの立木は背丈があるので、下部のほうはススで黒色に変色するが上部まで延焼することはない。草叢が延焼していく速度も緩慢であるため、草原の動物も焼死することはないとのことである（図７）。毎年実施されるブッシュファイアにより森林は植生の更新が促進される効果もある。

オーストラリアの森林火災というと、二〇〇八年冬にメルボルン周辺の南部で発生した森林火災が連想される。数百の人命と数千の家屋の損失が発生し、オーストラリアの森林火災で史上最悪の災害となった。放火の疑惑も調査されているが、自然を熟知しない環境保護団体の独善が原因という意見もある。環境保護団体が森林を原生のまま維持することを主張し、南部では長年、ブッシュファイアが実施されてこなかった。そのために火災が拡大したという、環境保護団体を非難する意見が登場しているのである。

今回の森林火災の被害地域に生活していた住人の一人が、以前に防火の目的で家屋に隣接する自分の敷地内部の森林の立木を二五〇本ほど伐採したところ、法律違反として裁判となり、生態学者が妥当な行為であると弁護したにもかかわらず有罪となり、数百万円の罰金を支払う結果になった。しかし、今回の火災のとき、その住民の家屋のみが類焼せず、数百万円の罰金を上回る効果があったと報道されていた。数百年間の浅薄な知識は数万年間の叡智には対抗すべくもないということを明示したのである。

西欧の環境保護思想には原生自然（ウイルダネス）という概念が根強く存在する。自然環境の内部に道路や施設を建設するなどは論外として、一般の人々の登山なども厳格に規制し、せいぜい遠方からの眺望で満足せよという程度に自然のまま保全するという概念である。はるか以前に開発しつくして原生自然の大半が消滅してしまったヨーロッパ大陸ではなく、アメリカ大陸やオーストラリア大陸で、ここ百数十年の環境破壊の反省もしくは反動として形成されてきた環境保護思想の代表である。

ところが北部にある四国ほどの面積のカカドゥ国立公園を訪問したところ、国立公園の中心地域でブッシュファイアの作業の最中であった。この大陸の大半の地域は数万年前からアボリジニの人々が利用しながら維持してきた自然環境であるから、そもそも人間が関与しなかった原生自然は存在しない。ブッシュファイアは、その数万年間の経験から誕生した環境保全の方法であり、ここ百年程度の自然保護思想と比較すれば年季で大差のある手法である。その破綻が南部の史上最悪の森林火災になったのである。

現在ではオーストラリア政府もアボリジニの人々を国立公園や森林地帯のレンジャーとして雇用し、ブッシュファイアをはじめ伝統の手法で環境を維持管理するように方向転換している。北部のダーウィンの付近にある日本の一県に相当する面積の森林を管理している州政府事務所へ立寄ったところ、わずか四人の所員で広大な森林を管理しているとのことであった。それはブッシュファイアという簡単な方法で広大な森林を維持管理できるアボリジニの伝統文化の功績である。

原生自然の概念は人間と自然を別個の存在として峻別する一神教的な思想を背景としているが、アボリジニの人々の自然についての見方は人間も自然のわずかな一部でしかないというものであり、そもそも原生自然という概念は存在しない。日本においても、森林を神々の生活する奥山と人間が生活する里山に二分し、奥山は人間の侵入を厳格に規制するが、里山は日常生活で利用することによって自然を保全してきた。このような長年の叡智の蓄積を評価する時期である。

10-7 消滅していこうとする極楽

撮影旅行の最後に、アボリジニの伝統の生活が維持されているといわれる集落を訪問することになり、地方空港から約三〇〇キロメートルの山道の彼方にある集落を目指した。テレビジョン撮影は今回が最初というほどの僻地だという情報で、二台のランドクルーザーに二張りの大型テント、毒蛇対

図8　アボリジニの生活する集落

策の簡易寝台、自家発電装置、保存食品、ミネラルウォーターなどを満載し、それなりの覚悟で約四時間走行し、海沿いの集落に到達した。たしかに遠方からは先住民族の集落の風情であった（図8）。

一九二〇年代からの政府の保護政策により、大半のアボリジニの人々は都市での集団生活を余儀なくされていた。しかし、一九七〇年代になり、先祖伝来の故郷に帰還して伝統の生活に回帰するホームランド運動が発生し、この集落もその一環として八〇年代初期に実現したホームランドである。ところが酋長の小屋を表敬訪問したところ、インターネットに接続したコンピュータがあり、宿舎に提供された教育施設である建物には電気、水道、そして水洗便所と冷房装置まで完備していた。

アボリジナル・アートの作家でもあり、

図９　極楽のような生活をするアボリジニ

画集まで発行している酋長と対談すると、住民を教育してインターネットなども利用できるようにし、やがてはホテルなどを誘致したリゾート地域にして経済発展をするという構想を披露してくれた。その一方、住民は昼間から海岸の木陰で団欒し、空腹になれば眼前の浅瀬で小魚やカニを捕獲して焚火で調理して食事をするという極楽のような生活をしていた（図９）。その背後には政府の補助政策が存在するにしても、無理に経済発展を目指す必要はない生活である。

江戸末期から明治初期に日本に到来した外国の人々は、農村や漁村で大人も子供も屈託なく生活している当時の日本の様子を眼前にして、世界に現存する唯一の極楽だと感動した文章や絵画を数多く記録している。しかし同時に、その日本が西欧文明を導入しようと必死に努力している様子を冷静に観察し、その文明の影響により、いずれ極楽が消滅するであろうことを予言する言葉も記録している。この密林の彼方の僻地の光景は、一五〇年以前の日本に重複するかのようであった。

これは先進諸国の一員となった日本から訪問した人間の視点からの感傷であり、アボリジニの人々にとっては非難される筋合いではないことである。しかし、わずか一五〇年程度で世界有数の国家となる過程で日本が喪失したものも多大である。幸福は他人が決定できるものではないが、海中で一匹の小魚を捕獲したときの素晴らしい笑顔の若者が、数年もすればホテルのボーイとして仕事をしているかもしれないと想像すると、進歩とは一体何者かを再考させられる経験であった。

11 山岳地帯に実現する少数民族の共生（ベトナム　ヌン）

11－1 日本と共通の特徴をもつベトナム

現在では日本から約五時間の空路で到達できるベトナムであるが、海路でも中国沿岸を航行すれば、それほど危険なく到達可能であるため、日本とは古代から関係がある地域である。現存する最古の記録は、入唐していた菩提僊那というインドの僧侶と仏哲というベトナムの僧侶が、日本から中国に滞在していた理鏡という僧侶に招聘され、七三五年の聖武天皇の時代に来日し、伎楽を伝達したとされている。この舞踊は七五二年に実施された東大寺大仏開眼供養祭において上演されたという記録がある。

さらに有名な事例は七一七年に吉備真備たちとともに、中国の長安に留学した遣唐使阿倍仲麻呂である。科挙の試験に合格するほど優秀な能力を発揮し、次第に中国政府で官僚として昇進していったが、七五二年に日本へ帰国するため船出する。ところが暴風で、当時は中国の領土であった安南（ベトナム）に漂着し、再度、長安に帰還するが、七六一年から七六七年、総督として安南に派遣され、現在のハノイに六年も滞在するという体験をし、七七〇年に中国で人生を終了している。

このような歴史の記録だけではなく、現在でも日本とベトナムには類似の文化が多数存在する。ベトナムは生産でも輸出でも世界五位のコメ産地であり、国民はコメを主食とする。今回の二週間強の訪問期間に、何度もベトナムの農家で食事をしたが、調理方法が相違するので、日本人向きではないものの、すべて主食は御飯であった。また、ベトナム料理を代表する「フォー」という、日本の「きしめん」に類似した麺類があるが、きしめんと相違して原料は米粉である。
ベトナムの農村の家庭を訪問すると、かならず最初に御茶で供応される。喫茶の風習は中国の雲南地方が発祥とされ、日本には中国留学の僧侶が伝達したが、一方、雲南地方とベトナム北部の山岳地帯とは現在でも同一の民族が生活しているほど交流があるため、中国起源ではあるものの、両国には類似の喫茶文化が継承されている。また、諸説があるが、秋田のショッツルや能登のイシルなどの魚醤は、ベトナムのヌクマムという魚醤が伝達したという意見もある。

タケノコは一五世紀に中国から伝来した作物であるが、現在の日本では、かつてほどタケノコを採集して食料としなくなり、国産は八％程度で、大半は中国から輸入している。日常生活でも竹材を使用しなくなったため、各地で竹林が拡大しすぎて問題になっているが、ベトナムの農村では、食材としてはもちろん、家屋の床材や壁材、垣根の材料、弁当の容器、燃料など、日常生活で様々な用途に竹材を使用している。農村では家屋の周囲に竹薮があるので、竹材は万能の材料として使用されている。

かつてベトナムは漢字を使用する文化圏域であったが、一七世紀に漢字を理解できないキリスト教宣教師が漢字のローマ字転写法を考案し、それを一九世紀に占領したフランスが普及させたため、漢字は衰退した。しかし、ベトナム文化の根底には漢字という日本と共通の基盤がある。現在のベトナムの社会体制は共産主義国家であるが、一九八〇年代のドイモイ政策により、経済体制は資本主義国家である。そういう意味で、日本とは様々な類似の文化を維持している国家でもある。

図１　国道二号沿道の光景

11-2　少数民族の集中する北部山岳地帯

このベトナムには先住民族という概念はなく、少数民族という言葉が使用されている。国内に五四の民族が共存しているが、最大はベトナムが越南とも翻訳されるように、ベト（越）族、もしくはキン族であり、ベトナム全体の人口の約八八％、七五〇〇万人になる。それ以外の五三の少数民族は日本の面積の約八七％に相当する約三三万平方キロメートルの国土に共存し、ある意味で、これからの多種多様な民族が共存する社会が重要になる時代の先頭にある国家ということができる。

その五三の少数民族のなかの主要な種族は、最大のタイが九六万人、ホアが九三万人、ターイが七七万人、クーメルが七二万人、ムオンが七〇万人、モンが四四万人、ザオが三四万人、ジャライが一八万人、ヌ

図２　北部の中心都市ヴィンクアンの市街

ンが一五万人、エデが一四万人、バナが一〇万人などであるが、数千人程の少数民族も多数生活している。大半は中国との国境付近の北部山岳地帯と、ラオスやカンボジアとの国境付近の西部山岳地帯に生活している。

今回の取材では、最初に北部の山岳地帯の中心都市になる人口約六〇〇〇人のヴィンクァンを目指した。首都ハノイから、ベトナム最大の河川紅河を横目に、かつての日本の農村地帯を彷彿とさせる、両側に延々と水田が展開する平坦な国道二号を約六時間北上する（図１）と、その付近から一気に山岳地帯になり、急峻な斜面に造成された崖沿の細道を約二時間右折左折して、標高約八〇〇メートルのヴィンクァンに到達する。中国との国境となる稜線まで二〇キロメートル程度という僻地である。

図3　斜面一杯に展開する棚田

11-3　三日も連続する手作りの葬儀

ヴィンクァンの中心部分は道路の両側に建物が密集し、そのなかに数軒の旅館と数軒の食堂があるだけの地方都市である（図2）。そこを拠点として、さらに急峻な崖沿の山道を走行すると、いくつかの少数民族の集落に到達するが、まずヌンを訪問することとした。葬儀があるからという情報を入手したからである。出発直後から両側は日本各地の棚田が箱庭と錯覚するほど、斜面の頂上まで整然とした棚田として整備され、文句なしに世界遺産に登録できるほどの光景である（図3）。

ランドクルーザーが走行できる限界からは、オートバイの後部座席に乗車させてもらい、さらに急峻な細道を右折左折しながら一〇分間ほど谷底目指して下降していくと、斜面に数軒の農家が集合しているだけ

図4　数軒の農家からなる集落

の集落があるわけでもなく、その周囲の原野が葬儀の場所であった。午前八時半頃に到着したが、すでに周囲の竹薮から伐採した竹材が材料という簡素な祭壇の準備などが開始されていた（図5）が、そこからが大変な光景に変貌していくのである。

故人の遺体は、すでに二週間前に付近の墳墓に土葬されているが、葬儀は祭司が適切と判断した日取りにより、後日執行されるのである。その祭司が祭壇で声明のような読経をし、しばらくすると、一羽のニワトリが殺戮される。その胸骨に二本の竹串が挿入され、祭司がしきりに竹串の角度を検証している。その角度により、故人の霊魂が地上に降下してきたかどうかを判断する。まだであると判断されると、さらにニワトリを犠牲にするが、今回は二回で終了

図5　竹材で用意された葬儀の祭壇

した。

　そこからが大事になるが、一頭の巨大なブタと一頭のヤギと数羽のニワトリを祭壇の周囲で次々と殺戮し、焚火で沸騰させた大鍋の熱湯で体毛や羽根を除去し、一部を祭壇に奉納する。それ以外は腸内の糞尿のみを除去し、すべて細切れにして大鍋で料理し、集落の人々が総出の宴会に突入する。奥地の寒村では家畜は貴重な食材であるから、日常生活では肉類を摂取することは例外で、このような儀式が五〇人程の村人の数少ない盛大な祝宴に変貌するのである（図6）。

　それが終了すると、神輿のような形状の紙製の小型の家屋の内部に上空から降下した故人の霊魂を招聘し（図7）、その霊魂とともに親族が一列となって山道を帰宅する（図8）。その屋内には紙製ではあるも

図６　葬儀会場で盛大な宴会

のの、色鮮やかな巨大な家屋が用意されており（図９）、そこへ霊魂を移動させ、さらにブタを奉納しながら延々と祈祷が続行する。それが終了すると、自家で蒸留した焼酎と料理を山積みにし、これから丸々三日の宴会が開始され、途中ではさらに水牛やブタが屠殺されて祝宴が継続するのである。

11－４無縁社会とは無縁の葬儀の教訓

二〇一〇年一月三一日にＮＨＫが放送したテレビジョン番組を発端にして「無縁社会」という言葉が日本国内で話題になっている。番組の調査によって判明しただけでも、年間に約三万二〇〇〇人の人々が、だれにも看取られることなく日本の社会から消滅していたという驚愕の事実が公表されると同時に、親族が老人の死亡を隠蔽して

図７　死者の霊魂を迎える家屋

年金を受給していたという事態まで発覚した。中国と交替して世界三位にはなったものの、依然として世界有数の経済大国で、異常な事態が進行していたのである。

この日本の実情と比較すると、ベトナムの山岳地帯での葬儀は対極にある儀式である。高齢の女性が死亡したという、それほど例外でもない現象に、親族は相当の時間をかけて手作りの紙製の家屋や装飾を用意し、これでもかというほど何頭も貴重な家畜を犠牲にし、集落の全員が丸三日間にもなる儀式に参加するという濃厚な有縁社会が登場するのである。それは質素な社会の一年に何回とはない祝宴であるにしても、現在の日本では想像のできない行事である。

このベトナムでの行事を参考にして、日本の無縁社会の背景を考察してみたい。地域社会を英語でコミュニティと表現することがある。語源は日頃から相互に贈物を交換する仲間という意味であり、そのような親密な仲間が形成する集団がコミュニティと表現されてきた。狩猟時代には、一緒に移動しながら獲物を追跡する家族や一族による「血縁社会」がコミュニティであり、農耕時代になると、田畑の周辺に定住し、田植えや刈入れを共同で実施する「地縁社会」がコミュニティの基本となった。

ところが、工業社会が到来するとともに、農家の人々も都会の工場やオフィスに通勤するか、都会に移住するようになり、自宅の周辺の人々よりも、職場で一緒に仕事をする人々との関係が濃密になり、「職縁社会」とでも表現できる関係が社会の中心になってきた。とりわけ都会の集合住宅に生活していれば、隣家との交流は希薄である一方、職場の同僚との交流が中心になる。ところが問題は、その職縁社会には定年が存在し、人間が長寿になってきたことである。

その結果、職場一筋で生活してきた勤勉で実直な人々の多数は定年以後の人生の最後の数十年間を無縁で生活せざるをえない境遇になる。もちろん用意周到に職縁以外の趣味の仲間や地域の仲間を準備してきた人々も存在するが、企業や仕事に熱心で

図８　霊魂を住居へ運搬する行列

図９　手製の紙製の死者の住居

あった人々ほど、定年とともに突然、無縁社会に突入していくというのが現代社会の構造である。微妙に内容は相違するが、六〇年前にアメリカの社会学者デイヴィッド・リースマンが『孤独な群衆』（一九五〇）で指摘した社会が登場してきたのである。

この隔離されたようなベトナムの山岳地帯に生活する少数民族の農村は、農業という仕事の性質から地縁社会が存在していることは当然であるが、それを割引いても、先進工業社会として世界有数の成功を達成した日本が、その代償として喪失したものを明確に証拠として提示している。その成功から一転して無縁社会にまで到達してしまった日本は、ある意味では出遅れているともみえるベトナムの少数民族の人々から学習することは多大であることを実感した。

図 10　毎週日曜に開催される露天市場

11-5 民族共存の象徴である日曜市場

北部山岳地帯に生活する多数の少数民族の地域の中心にあるのがヴィンクァンという地方都市であるが、その中心としての役割を象徴するのが、毎週日曜の午前に、一本しかない中心街路で開催される露天市場である。すでに早朝から、四方八方に点在する集落の人々が様々な商品を持参して遠路集合してくる。長年の慣習で決定されている場所に、野菜、果物、香料などの農業産品から、スキやカマなどの耕作道具、さらには時計や電池などの工業製品を陳列している（図10）。

特徴は売手と買手が区別されず同一ということである。かつては物々交換で必要な品物を入手していたであろうが、山奥にも貨幣経済が浸透した現在では、自家の野菜を販売して獲得した金銭で必要な農具を

図 11　それぞれの民族衣装で参集

購入するなどして帰路につく。何十キロメートルという山道を唯一の交通手段であるオートバイで往復する人々も多数であるが、現在でも半日かけて山道を徒歩で往復する人々も少数ではない。まさに交換という市場の機能を端的に誇示している場所である。

もうひとつの特徴は、それぞれ民族固有の衣装で正装して市場に集合してくることである。外部の人間にも、衣装で少数民族を識別できるほど、それぞれに特徴ある衣装であり、青モン、赤モン、花モンなど、衣装によって民族の名前が命名されている(図11)。最初に紹介したように、ベトナムが多数の民族の共存の先進国家であるということは、数十もの民族が一本の街路の雑踏を往来しているにもかかわらず、ごく自然に交流していることからも理解できる。

第二八代アメリカ合衆国大統領ウッドロウ・ウィルソンが、民族紛争が発端となった第一次世界大戦終結後に「一四か条の平和原則」の一部として表明した民族自決主義は一種の理想ではあるが、現在まで継続している民族紛争の原因にもなっている。とりわけ宗教が関係する場合には複雑な紛争になる。幸運なことに、ベトナムの少数民族は人種も宗教も相互に類似しており、市場で観察されるように同一民族のような関係である。世界が参考にできる民族の共存している地域である。

11‐6 自然の脅威に対抗する自然

二〇一一年三月一一日に発生したマグニチュード九・〇の東北地方太平洋沖地震によって発生した巨大な津波は、東日本大震災と名付けられた、有史以来、それほど何度とはない規模の被害を青森から宮城までの東北地方の太平洋岸にもたらした。被災した日本最大のリヤス地形である三陸海岸はカヤックで沖合を何度も通過したことがあり、カヤック仲間の友人も多数生活しているので、見舞いに訪問した。現地はマスメディアが写真や映像で報道してきた以上の惨状であった（図12）。

その惨状はともかく、現地を訪問してみると、マスメディアには報道されない興味ある現象を発見することができた。岩手県宮古市田老地区は、昭和八年（一九三三）の昭和三陸津波の直後から、高台への移転を拒否し、四五年間をかけて海面から一〇メートル、延長約二・五キロメートルにもなる巨大堤防「田老の万里の長城」を建設してきた。しかし今回、その二倍以上にもなる波高の津波によって、堤防の内側の建物は全滅状態となり、漁港の海中に建設された防波目的の堤防も無残な状態で横転していた（図13）。

図 12　津波で破壊された市街（岩手県大槌町）

その万里の長城の背後にあった住宅が土台だけになってしまった友人が「三王岩」が心配だというので、漁港の外側にある三個の巨岩からなる岩手県指定天然記念物を見物にでかけた。倒壊したかもしれないという予想は裏切られ、五〇メートルの細長い石柱は何度もカヤックで海上から見物したままの勇姿で屹立していた。さらに南側に一〇キロメートルの断崖絶壁の足元にある国指定天然記念物「蝋燭岩」も、頂部で横幅約七メートル、底部で横幅約三メートルしかない四〇メートルの石柱が従来のままであった。

いずれも波高二〇メートル以上の津波が正面から襲来したにもかかわらず無傷であったわけである。今回の規模の津波が千年に一回の頻度で発生するという仮定で計算すると、誕生してから約一億年の歴史の

図 13　津波の威力の痕跡（岩手県宮古市田老漁港）

ある石柱は一〇万回以上も巨大津波に遭遇したことになる。その度重なる気象の猛威に生残った自然だけが現存しているという見方も出来なくはないが、それよりも安定した形状の人工の建物が各地で壊滅状態になっていることと対比すると、自然の頑強さが理解できる。

このような自然を、古来、人間は畏敬し、崇拝してきたが、人智を集約した技術が社会に氾濫する時代になり、技術を過大に信奉し自然の威力を軽視してきた結果、今回の災害に直面したとも理解できる。ところが、それほど最新の技術の恩恵を享受する機会がない先住民族の社会では、自然を崇拝する風習が現在でも明確に維持されている。今回訪問したベトナム北部の山岳地帯に生活するヌン民族の社会に現代でも根付いている二例を紹介したい。

11-7 火の神への崇拝

ヌンの家屋は骨組が木材で、床面や壁面は竹材で構築されている。その一間しかない部屋の中心に四角の焚火の場所があり、そこでの焚火が暖房にも炊事にも使用される。しかも建物は高床形式であるから、上下左右すべてが火災の危険と表裏一体の生活である（図14）。すなわち「火」は利便と災厄の両方をもたらす存在となっている。そこで「火」の神様を畏敬しながら災厄を回避する儀式が発生する。今回、その一年に一回しか実施されない儀式に偶然遭遇し、それを見学することができた。

当日の早朝、祭司を先頭にした数人の男性が太鼓の音色とともに一軒の農家に到達する。祭司は建物内部の焚火から燃焼している木材を外部に持出し、竹材でできた容器に封入する。そして「火」の神様が災厄をもたらさないようにと入念に祈祷する。それが終了すると、畦道を経由して数百メートル彼方の隣家に移動し、同様の儀式をおこないながら、次々と村中を巡回していく。二人の祭司が分担して半日かけて集落のすべての家庭を訪問し、両組とも最後は付近の河原に到着する。

その河原から火種を封入した竹製の容器を川面に放流し、最後に河原への坂道の途中に、数本の竹製の刀剣を組込んだ縄紐を吊下げて、儀式は終了する。これは「火」の神様が、再度、集落に出戻ることを阻止する意味である。日常生活にとって必要な「火」を崇拝しつつ、その威力を制御することによって安全な生活をするという意図の儀式である。その集落の長老によれば、この儀式によって「火」の恩恵と脅威が村人に周知され、火災の発生が抑制されているということである。

図 14　ヌンの家屋の中心にある焚火の場所

11－8 森の神への崇拝

三陸地方の津波に遭遇した現場を訪問したとき、もう一点発見したことがある。津波が楽々と越流していった「田老の万里の長城」の頂部から市街を眺望すると、手前の平坦な住宅地域は壊滅状態であり、鉄筋コンクリートの建物が残骸となって孤立しているだけであったが、市街との境界の山裾にある寺院は無事であり、それより背後の住宅もすべて無事であることが判明した（図15）。そこで被災した各地を訪問するたびに注意して観察してみると、ほとんどの神社や仏閣の建物、さらに前面の鳥居は無事であった。

さらに奇跡のような事例が存在する。宮古の港湾の出口に龍神崎という岩山があり、その足元に海面から約五メートルしかない岩礁がある。その上部には、地元で「龍

図 15　津波の被害を回避できた寺院（岩手県宮古市田老地区）

神様」といわれる神社と鳥居が設置されている。当然、津波ははるか上方を何度も往復していったはずであるが、欄干の一部が破損している以外、これまで何度もカヤックで洋上から参拝していたままの状態であった（図16）。神仏の霊験としか説明できないが、地元の漁師の説明では、これまでの台風でも大波でも、すべて無事であったとのことである。

日本の農村地帯に伝承される「里山」という概念が、最近の環境時代に世界から注目されている。これは「奥山」と対比される概念で、神々が生活し、人間は祭事のときにのみ立入りを許可されるのが「奥山」という神域であり、村人が立木を伐採したり、椎茸を栽培したり、山菜を採集したりするために、日常生活で利用できる場所が「里山」である。そのような意味で、奥山

図 16　津波に破壊されなかった龍神様（岩手県宮古市）

への登山は、一年の特定の時期にのみ許可される信仰の行事であった。ところが、最近では登山がスポーツとなり、奥山という概念も希薄になってきた。

しかし、今回の自然災害で明白になったのは、ほとんどの神社は奥山と里山の境界線上に建立されており、それより上部の奥山には津波の被害が波及しなかったことである。それは長年の失敗の経験から、神社を安全な場所へと移設してきた結果かもしれないが、その神社の位置に象徴される自然の摂理を希薄にしてきた社会が被災をしたということができる。これについても先住民族の社会では明確に維持され、今回、一年に三回しか開催されない、ヌンの「森」の神様への儀式に参列することができた。

ヌンの生活する急峻な山岳地帯の斜面の大半は棚田になっているが、集落ごとに開

図 17　維持されている森林

発されていない森林がある（図17）。普段は立入りが禁止され、立木の伐採も植物の採集もできない神聖な森林である。一年に三回の特定の日時になると、それぞれの家族を代表する男性が一人ずつ黒色の服装で集合してくる。白色の着物は葬儀のときの服装なので禁止されているからである。その森林の内部の斜面には、質素な神社の建物があり、各人が持参した線香や供物を奉納しながら、祭司が祈祷を開始する（図18）。

しばらくすると、生贄として奉納する一頭の巨大なブタが運搬され、神社の前面で殺戮される。頭部などの一部を祭殿に奉納し、それ以外の部分は体毛を除去したすべてが細切れにされ、大釜の熱湯に投入される。祈祷が終了すると、その大量の豚肉は集合した二〇〇人以上の村人に配分され、持参した御飯と焼酎とともに盛大な宴会が

図 18　神聖な森林で祈祷する集落の代表

開始される（図19）。日本の神事のように、手順の整然とした儀式ではないが、棚田の水源である森林を神域として崇拝するという精神が顕著な儀式が維持されている。

日本の奥山やベトナム山岳地帯の神域の森林に凝縮されている精神は自然の循環を切断しないということである。奥山の源流から出発する河川は里山での農耕や生活を維持する里川となり、その里川から里海に流入する真水は豊富なミネラルを含有して海中のプランクトンに栄養を供給し、魚類を繁殖させ、漁業と漁村の生活を維持する。海水は蒸発して奥山の降雨となって循環が一巡する。この自然の循環を維持するために、水源でありミネラルの源泉である奥山を神聖な場所として開発を阻止してきたのである。

二〇一一年六月一一日、この里山の価値

図 19　森林で展開する盛大な宴会

が世界に認知される行事があった。国際連合教育科学文化機関（ＵＮＥＳＣＯ）が主宰する世界自然遺産や世界文化遺産は有名であるが、それ以外に、国際連合食料農業機関（ＦＡＯ）が主宰する世界農業遺産という制度がある。これは自然環境を維持しながら農業生産を継続している事例を顕彰して登録する目的で創設された制度であるが、中国の北京で開催された総会で「能登の里山里海」と「トキと共生する佐渡の里山」が新規に登録されたのである。

それ以前に登録された事例は八例あり「アンデス山脈で古代から継承されるジャガイモ農業」「マグレブのオアシス農業」「フィリピン・イフガオの棚田農業」「タンザニアのマサイの牧畜農業」などであるが、すべて発展途上諸国で実施されている農業生産方式である。今回、追加された日本の二例は、先進工業国家で高密な生活をしている地域としては最初であった。しかも里山と里海は、英語などに翻訳されることなく、そのまま英字で表現されている。日本は奥山と里山の精神を、自信をもって世界に喧伝すべきである。

11－9 自然の循環を切断する影響

これと対極にある事例が存在する。エジプトの第二代大統領ガマール・アブドゥル・ナセルは、ナイルデルタと命名されている下流の地域を洪水から保護するとともに、増大する電力需要に対応する目的で、カイロから約八〇〇キロメートル上流のアスワンに巨大なアスワン・ハイダムを建設した。一九七一年冬に完成したダムは堰堤の延長が約三・六キロメートル、発電能力二一〇万キロワットという規模で、このダムによって出現した湖水は延長約五〇〇キロメートルにもなるという桁違いのダムである。

この巨大土木事業は下流の氾濫を防止し、大量の電力を生産することには成功したものの、当初は予想されなかった数々の問題を発生させることになった。ナイル河口の広大な農地である氾濫原野ナイルデルタでは、巨大河川ナイルが上流から運搬してくる毎年約一億二〇〇〇万トンと計算される肥沃な汚泥の恩恵で、数千年間、農業が維持されてきた。ダム計画に参加した学者は、汚泥はダムを通過して下流の耕地に到達すると予想したが、大半は湖底に沈殿してしまい、沃土不足となった下流の農地は大量の肥料を散布する事態になった。

汚泥が到達しなくなった影響は農業だけではない。河口の村落は地盤が低下して海中に水没し、ミネラルが到達しない海中では魚類が減少して漁業は成立しなくなった。河口地帯では地下から浸出する海水の影響で塩分が土地に蓄積するが、以前は氾濫する真水が毎年一回洗浄していた。ところが氾濫が消滅した結果、塩分が土中に残留し、耕作が困難になりつつある。この問題の解決のため、政府はデルタ地帯に世界最大の排水ネットワークを建設しているが、この維持に毎年膨大な費用を投入せざるをえなくなっている。

ここに紹介した事例の意味は、人間が目先の利益のために、技術を駆使して自然の巨大な循環のほんの一部を切断すると、当面は目指した目標が到達されるかのようであるが、しばらくすると予想ができなかったような副次作用が次々と出現し、その問題の解決するために、さらなる技術の投入が必要になるということである。先住民族は現代社会の特徴である巨大技術を利用しないために不便な生活を余儀なくされている反面、自然の循環を切断する程度が軽微な社会を維持してきたということができる。

12　世界に未来を提示した幸福国家（ブータン王国）

12-1　神秘の王国ブータン

二〇一一年一一月、結婚されたばかりの第五代目のブータン国王夫妻が新婚旅行として日本を訪問され、夫妻の美貌と率先して東日本大震災の現地を見舞われるという謙虚な人柄により、一挙手一投足が話題になるほどの人気になった。ブータン王国は経済発展ではなく、国民の幸福を国家目標としている国家として世界が注目しているが、今年の七月から八月にかけて、テレビジョン番組を撮影するために訪問する機会があったので、この神秘の王国の最新事情を紹介したい。

インドと中国の国境の東西方向に、標高八八四八メートルのエベレストを最高として八〇〇〇メートル以上の山々が連続し、世界の屋根といわれるヒマラヤ山脈が縦走しているが、その東西の中間あたりの急峻な南側斜面にブータン王国が存在する。国土は東西に約三〇〇キロメートル、南北に約一六〇キロメートルの楕円の形状であり、標高は約二〇〇メートルの低地から最高では七五〇〇メートル以上の高山まで存在する。日本の九州とほぼ同等の国土のわずかな谷間の平地に七〇万人程度が生活している小国である。

ブータンはいくつかの民族が共存している国家で、チベット系統のンガロッパ、ネパール系統のローツァンパ、ブータン東部の先住民族ツァンラが主要な民族である。それらの民族の地方豪族が山岳地帯に群雄割拠していたが、一九〇七年一二月に初代国王となるウゲン・ワンチュクが統一に成功

図１　ブータン王国唯一のパロ空港

し、ワンチュク王朝が成立した。それでも一九五〇年代までは地方豪族の勢力が優勢であったが、三代国王の時代に統一国家としての体制が整備され、日本を訪問されたジグミ・ケサル・ナムゲル・ワンチュク国王は第五代目になる。

現在でこそ、ブータンは観光を国家の重要政策としているが、かつては鎖国状態で、一般の人々が入国することは困難であった。日本から最初に入国したのは、一九一〇年代にチベットを訪問する経路としてブータンを通過した僧侶多田等観で、戦後では植物調査の目的で入国を許可された中尾佐助博士が最初である。そのような過去に比較すれば現在では入国は大幅に緩和されているが、それでも事前に入国と出国の日程を正確に申請し、滞在日数に対応した費用を事前に支払うと、その期間のみ

図２　各地で崩壊している国道

滞在が許可される仕組である。

日本からの行程は、タイのバンコク空港を経由して、ブータン国営の航空会社を利用して国内唯一のパロ空港（図１）へ到着するのが一般であるが、今回はブータンのもっとも東部にあるタシガン地方といわれる農村地帯の人々の生活を取材することが目的であったので、パロ空港から首都ティンプーに移動して一泊し、そこから約一八〇キロメートル東方の目的の農村を目指したが、現在の日本の整備された道路事情からは想像のできないほど困難な丸三日間の移動であった。

直線距離では約一八〇キロメートルであるが、実際に走行する距離は約六〇〇キロメートルと三倍以上になる。理由は標高一〇〇〇メートル程度の地点から三〇〇〇メートル以上の尾根まで何度も上下する道

図3　タシガン地方の農村集落

路であり、しかも途中は急峻な谷間であるため、相当上流まで川沿いに遡上して橋梁のある場所で渡河し、再度、川沿いの道路を走行しなければならない地形の影響である。その大半は急峻な斜面を掘削した道路で、ブータンには直線道路がないと表現されるほど蛇行している結果、直線距離の三倍以上の行程になるのである。

道路はヒマラヤ山脈と並行している断層地帯を通過しているうえに多雨地帯であるため頻繁に斜面が崩壊し、今回の往復六日の移動でも何度も崩壊した土砂を横目に通過する状態であった（図2）。さらに放牧されているウシやウマが道路を自由に横断しており、曲折している道路に突然牛馬が登場し、危機一髪という場面に何度も遭遇した。よく無事で往復一二〇〇キロメートルを走行できたと感謝するほどであるが、

図４　マニを回転させる人々

ともかく車酔いにもならず、途中で二泊して目的の農村に到着することができた。

12‐２国教はチベット仏教

東部のタシガン地方はツァンラが中心の地域で、その中心都市タシガンから、山道を一〇キロメートルほど東方に進行したラディという寒村に到着し、道路から急坂を徒歩で下降した一〇数軒の農家が集合している谷間の集落が目的の場所である（図３）。ブータンは母系社会で女性が家督を相続するが、訪問した家族の家長は四〇歳程の女性で、二〇歳代前半の男性と再婚し、両親と子供が一緒に生活している。ブータンは離婚や再婚も年齢格差も結婚の障害にはならない社会であるから、ブータンの典型となる家族である。

日本は国民の半分以上が特定の宗教を信

図５　義母の様態を僧侶に相談に出掛けた山頂の寺院

仰しないと回答するほど宗教に寛容な国家で、キリスト教徒でもないのにキリスト教会で結婚する若者を問題としない現状は、特定の宗教を信仰する外国の人々には理解できない社会のようである。しかし、ブータンはチベットが中国に強引に併合されている現在、チベット仏教を国教とする唯一の国家で、今回訪問した農家でも、それほど余裕があるとはいえない住宅の居間に釣合わない立派な仏壇があり、家長である女性は毎朝丁寧に礼拝をしている。

寺院や街中の広場には経文を貼付した「マニ」といわれる車輪があり、それを一回回転させると一回読経するのと同様の効果があるとされ、人々がそれを回転させている光景はごく普通である（図４）。国民がいかに熱心に信仰しているかを象徴する話題がある。あるとき農家の男性が伝統の

図６　機織りをする農家の女性

衣服に正装して、僧侶に面会するために出掛けるというので同伴することにした。これが大変な移動で、自宅から急坂を二時間近く一気に登坂し、最後に山頂にある格式ある寺院に到着した（図５）。

持参したコメを御供えして僧侶に何事かを相談すると、僧侶は経典をめくりながら回答し、男性は納得した様子である。事情を質問すると、義母の体調が不順なので相談にきたが、熱心に信仰すれば治癒されるという回答であった。それでも回復しなければ、病院に義母を案内するという。些細な病気でも病院に直行する日本では、半日もかけて急峻な山道を往復し、より熱心に信仰しなさいと僧侶から教示されるだけというのは想像しがたい状況であるが、宗教への信頼が国民に浸透していることを明示する事件であった。

この地域では、女性が副業として機織りをする（図6）。食糧は自給自足であるが、日用雑貨を購入する現金収入のためである。苦労には引合わないほど安価な値段であるが、もし期待以上の金銭を入手したらどうするかと質問したときの回答は感動する内容であった。これまでは貧乏で仏様への供養が十分にできなかったが、織物で収入があれば、仏様の盛大な供養をしたいという回答であった。贅沢のために一生懸命に仕事をするという風潮が蔓延している現在の日本の社会の対極にある言葉であった。

12-3 吾唯知足が幸福の極意

一七世紀のオランダでチューリップ・バブル事件が発生した。トルコから伝播したチューリップに人々が魅入られ、珍奇な模様の花弁をもつチューリップの球根が高値で取引されるようになったのである。高値といっても異常で、最高は一個の球根が一戸の住宅と交換されるほどであった。冷静になれば異常に気付くが、熱狂した人々が次々と投資して二〇数年で破綻し、多数の人々が破産した。これが世界最初のバブル経済事件といわれるが、最近もサブプライムローンの破綻など、経済事件は繰返し発生している。

その原因は人間の欲望には際限がないことで、その欲望を抑制しないまま、有限の世界の内部で欲望を拡大していけば、いずれ破綻することは確実である。その最大の破綻に直面しつつあるのが地球規模の環境問題である。欲望を抑制する手段として人間が発明したのは哲学や倫理であり、古代ギリシャのストア学派の哲人の人生の理想は「知足」であるとされているし、中国の『老子』にも「知

図７　ジグミ・ティンレイ首相と対談する筆者

足者富」、満足する人間が富者であるという言葉があり、古今東西に共通する理念となっている。

仏教には「吾唯知足」、すなわち自身で満足することが重要であるという意味の言葉がある。経典『スッタニパータ』にある言葉のようであるが、このチベット仏教がブータン国民の欲望を抑制している。それを証明する逸話がある。外国人技術者の指導により、ある地域で稲作の収穫が例年の二倍になったことがあった。普通であれば、来年は今年以上に収穫を増大させようと努力するが、地域の人々が翌年は稲作を中止してしまった。来年必要とするコメの備蓄ができたから耕作する必要はないというわけである。

今回、ジグミ・ティンレイ首相に面談する機会があり（図７）、日本は明治維新以来、経済大国に発展することに成功したが、最近では毎年何万という人々が孤独に死亡している。それは国民が欲望を抑制することなく追求してきた結果かもしれないと説明した。首相は沈痛な表情で、それは世界の先進諸国に共通の課題であるが、その対策として、ブータンでは家族を社会の基礎として維持し、その家族の範囲を集落、地域へと拡大していくことにより人間の本性を基礎にした仕組で社会を維持していくと回答された。

12-4 幸福国家へ挑戦する王国

二〇一一年夏の国際連合総会で、ブータン政府が提案した「社会経済開発の達成および測定のため、幸福という観点をより一層導入する。幸福の追求は人類の基礎となる目標である」という議案が六八カ国の支持によって採択された。世界の目指す方向が大きく転換をした重大な事件であった。これまで国家の目標とか国家を比較する場合には、GNP（国民総生産量）という経済の指標が使用されてきたが、それらとは異質のGNH（国民総幸福量）を国家の目標にしようということである。

ブータン王国は国土面積が日本の九州程度、人口は七〇万人という小国であるが、その小国が実践している政策が今後の世界の目指すべき方向として採択されたということは、ブータンのジグミ・ティンレイ首相ならずとも「歴史的出来事である」と喝采すべき偉業である。このGNHという概念の出発は三五年前のことで、先代のジグミ・シンゲ・ワンチュク国王が、一九七六年一二月に記者会見をし、ブータンにとって「GNHはGNPよりも重要である」と発表したことを発端としている。

当時は七三年一〇月に中東戦争が勃発し、原油の値段が一気に高騰する石油危機から数年が経過した時期で、世界各国は経済の再建に必死で、ヒマラヤ山麓の小国の国王の言葉が注目されることはなかったし、そもそも世界は理解できなかった。そこで日本の新聞記者がＧＮＨの意図について質問を送付したところ、国王から「国民の幸福な生活を可能にする自然環境、精神文明、文化伝統、歴史遺産などをも破壊し、家族、友人、地域社会の連携までをも犠牲にする経済成長は人間の生活する国家の経済成長とはいわない」という回答が返送されてきた。

12-5 三五年後に認知された明察

それから世界の経済は次第に回復したが、それ以後もＧＮＰを目指す先進諸国では、日本のバブル経済の崩壊、アメリカのサブプライムローンの破綻などにより、ＧＮＰ至上主義の社会が国民の生活に貢献しない事例が頻発し、ＧＮＨが見直されるようになった。日本では九〇年代初期に、宮沢内閣が生活大国を目指す長期計画を提唱し、フランスではノーベル経済学賞を受賞したジョセフ・スティグリッツ教授やアマルティア・セン教授を委員として、ＧＮＰではない国家目標を検討する会議が開催されるようになった。

さらに重要な変化は地球規模の環境問題が世界の関心の対象になったことである。科学の世界では百年以前から警告されていた課題であるが、七〇年代になって、政治の問題として議論されるようになり、九二年夏の地球サミットや九七年冬の京都会議などで国際政治の課題になった。そのような背景から、イギリスのシンクタンクが世界の国々の幸福指標を発表し、日本の大学が都道府県の幸福指標を計算する状態になり、それらを集約する行動が国際連合の議決である。そこで以下にブータン王国での政策を紹介したい。

12-6 困難な幸福の定義

ブータンでは国民の幸福を実現するため、「持続可能で公平な経済開発」「ヒマラヤの自然環境の保護」「有形無形の文化資産の保護」「よい統治」という四本の政策を実行しているが、その政策の前提として、幸福を規定することが重要な問題となる。これについて先代の国王は「一定の期間ごとに、国民が自分たちの生活を振返ってみたとき、わずかずつでも向上していると国民の多数が実感できるかどうかである」と回答しておられる。それでも向上の意識も各人各様であるから、幸福の計測は困難なことである。

筆者がティンレイ首相に同様の質問をしたところ、「幸福は定義すべきものではないが、精神と身体の均衡がとれていることが重要であり、そのような状態に国民が到達できるような環境を整備することが国家の役割である」と説明された。ロシアの文豪レオ・トルストイは名作『アンナ・カレーニナ』の冒頭で「幸福な家庭はどこも似通っているが、不幸な家庭はそれぞれに不幸である」と記述しているが、この難問にブータンは、どのように挑戦しているかを以下に紹介する。

12-7 持続可能な経済開発

第一の「持続可能で公平な経済開発」については実例で紹介したい。首都ティンプーから悪路を走行して二日もかかる集落では二〇年前から電気が供給されている。それは集落の周囲の斜面から落下する小川の水流で発電した各戸で二個程度の電球を点灯できるわずかな電力であるが、生活は大幅に向上した（図8）。水力という持続可能な資源を利用し、集落内部で発電している地産地消の電力で

図８　日本の援助で建設された小水力発電所

あるから、巨大な原子力発電所で大量に発電して広域に配電し、施設の周辺地域のみが迷惑する方式と比較すれば公平な手段である。

しかし、今後ますます人口が増大し、各戸が家庭電化製品を使用するような時代にも、この方法で対応できるかは疑問である。担当のリンポ・カンドゥ経済産業大臣に面会する機会があったので、質問したところ「基本は水力発電を増大させていくが、それは巨大なダムを建設するような施設ではなく、地域ごとに建設する小型の発電施設であり、それ以外に風力やバイオマスの利用も拡大していく」という説明であった(図9)。実際に、首都ティンプーの郊外にある、おがくずを燃料に加工する工場も見学したが、人気があるとのことであった。

図9　リンポ・カンドゥ経済産業大臣と対談する筆者

12-8 自然環境の保護

第二の「ヒマラヤの自然環境の保護」の最大の政策は森林の保護である。ブータンの憲法には「森林面積は永久に国土面積の六割以下にしてはならない」という条項がある。実際に一五年前には国土面積の約六四％にまで減少していた森林面積は、現在では約八一％にまで増大し、世界最高になっている。住宅建設などの目的で樹木を伐採するときは地方政府の許可が必要であるが、森林全体を考慮して許可されるので、伐採場所が遠方になる場合もあるほど、森林保全は徹底しているし、毎年六月二日は国民総出で植林をしている。

ブータンは古来、薬草の宝庫とされ、遺伝資源の世界有数のホットスポットである。そこで一九九八年に国立生物多様性センターが首都の郊外に設立され、地域固有

図 10　伝統の衣装で集合した生徒

の生物を調査し、その資源を保存する活動を開始している。施設を見学したが、現状では十分な設備もなく、人員も少数であるため、資源調査も資源保護も十分ではない。しかし、このような急速に発展している国家では環境破壊が進行していくのが一般であるが、それらに比較すれば自然環境への意識は高度である。

12‐9 文化資産の保護とよい政治

第三の「有形無形の文化資産の保護」は街中でも郊外でも実感する。ブータンの伝統衣装は、男性は「ゴ」、女性は「キラ」という和服のような衣服で、現在では寺院や公的な機関を訪問するときのみ必須であるが、以前は外出のときの着用が義務となっていた(図10)。また、都市でも田舎でも、町並に調和があることに気付く。す

図 11　伝統の様式で建設される建物

べての建物が伝統様式を採用している効果である。勾配のある屋根と軒先が迫出した構造で、垂木の先端には伝統模様が描写され、窓枠の形状も同一という建物の建設が義務となっている（図11）。

しかし、最大の文化資産の保護は言語である。以前、学校では英語のみで授業が実施されていた。小国であるから、政府にとっても国民にとっても海外との交流が重要であるという理由である。しかし、九〇年代からはゾンカといわれる伝統言語も教育するようになっている（図12）し、公用書類では第一言語はゾンカであり、英語を併用するという制度が採用されている。さらに正式の挨拶の仕方、食事の作法、伝統の舞踊など固有の文化も初等教育の授業科目となっている（図13）。

最後が「よい統治」という難解な政策で、

図 12　学校では国語ゾンカと英語を教育

ティンレイ首相に質問をしたところ「ブータン政府はＧＮＨを国民の生活に浸透させる努力をしているが、それは物欲の満足以上に重要なことが存在するという意識を国民が理解することである。幸福の基本は家族の連携であり、それを集落から地域、さらには国家へと拡大させていくことである」という回答であった。現実の政策の詳細は不明であるにしても、国家が国民に提供するサービスの理念を明確にしているという視点からは、異例といえる政策である。

12 - 10 幸福国家維持への期待

ここまでブータンはユートピアのような理想国家であると紹介してきたが、当然、問題がないわけではない。最大の課題は国防である。ブータンは中国とインドという巨大国家の中間に存在している小国である

図 13　伝統舞踊も授業の一部

が、周辺にあるチベットは中国に、シッキム王国はインドに併合されてきた歴史を眼前で見聞している。ヒマラヤ山脈の尾根が中国との国境であるが、中国が違法に進出しているという情報もある。国防はインドに依存しているが、いかに独立を維持していくかが小国にとって最大の課題である。

第二は財政問題である。かつてブータンは鎖国状態であり、自給自足で経済を維持してきたが、開国の程度が拡大していくとともに物資の輸入が増加し、外貨の獲得が必要になっている。現在の最大の歳入は水力発電による電力のインドへの販売で、国家歳入の約四五％にもなる。第二が日本を筆頭とする外国からの経済援助で約二五％になる。今後は観光を推進して外貨の獲得を増大していくという構想であるが、この脆弱な財政基盤への根本からの対策が成功

図 14　首都に集中する人口に対処する集合住宅

しなければ、自立は困難になる。

それ以上に懸念される課題がある。かつてテレビジョンの視聴とインターネットの利用は禁止されていたが、先代国王の英断で一九九九年に解禁となった。その結果、首都ティンプーには貧弱ではあるがインターネットカフェやゲームセンターが登場しているし、テレビジョンも衛星放送の契約をすれば、数十の放送を受信することも可能になっている。その影響だけではないにしても、情報通信手段の解禁以後、若者の首都への流入が急増し、それに対処する集合住宅の建設で首都は騒然としている(図14)。

ここで連想される歴史がある。江戸時代末期から明治時代初期に海外から日本を訪問した人々の多数が、当時の日本を世界に現存する唯一の極楽と評価しながらも、西

図 15　首都ティンプーの光景

欧の文明や文化を導入することによって、この極楽が崩壊していくことを予言し憂慮している文書が数多く存在している。その文明や文化の導入により、日本は世界有数の大国に成長したことは事実であるが、その反面、かつての極楽と評価された日本が消滅したことも事実である。まさにブータンは、一五〇年以前の日本と同様の岐路にある。

旧約聖書のアダムとイブの禁断の林檎の物語、ギリシャ神話のオルペウスとエウリュディケの物語、日本のイザナギとイザナミの物語など、知識を獲得することが不幸の発端になるということを暗示する神話は世界に数多く存在している。先代の国王も日本を訪問された現在の国王も賢明な君主であり、面会した何人かの大臣も聡明な人物である。それら人々の能力と勤勉な国民により、ブータンが他国の文明や文化を導入しながらも、幸福な国家を実現していくことを期待する次第である（図15）。

おわりに

民族学的素養も探検家的経験も貧弱な素人が砂漠や密林や高山に先住民族を探訪する撮影旅行は難行苦行の連続である。まず環境条件への挑戦である。アンデス山脈の高地に生活するアイマラ民族の撮影に出掛けたときは、平坦な山道を歩行するのも息切れがして難儀であったが、湖面の標高が三八〇〇メートルというティティカカ湖上の孤島タキーレでは、桟橋から数百メートルの距離しかない集落まで到達するのに、荷物を背負わずに一歩一歩歩行して一時間弱という状態であった。

しかし、これはまだ初歩である。インカ帝国の首都であったクスコから数十キロメートルの地点のモライという場所にある円錐形状の窪地を利用して造営された、擂鉢状態のインカ帝国の実験農場の遺跡の底部で強烈な腹痛になったときは大変であった。上部から全体が見渡せる場所であるために屋外で処理することもできず、現地の人々が五分で登坂する約一〇〇メートル上部にある頂部までの坂道を歩行するのに、途中で何度も休息しながら三〇分近くを必要とし、危機一髪ということもあった。

モンゴルの草原ではパオという移動住居に寝泊まりしたが、広大な草原のどこもが排便の場所である。人目をはばかるためには数百メートル彼方の森林まで出向く必要があるが、夜半には零度以下になる気候のため、パオの付近で処理することになる。これは満天の星空を眺望しながらの爽快な経験ではあるが、問題は野犬がつきまとうことである。野犬は人間を襲撃するのではなく、排泄されたものをエサにするため周囲で待機しているのであるが、最大の屈辱は野犬が見向きもしてくれないことであった。

カナダの北極圏内に生活するイヌイットのアザラシの狩猟に同行したときも緊張する経験をした。九月であったが、夜半には零下二〇度近くに冷込む環境である。排泄はテントから周囲の雪原に出掛けて処理する。北海道内のスキーの距離レースの途中での経験はあるので気温は問題ないが、場所はホッキョクグマの巣窟である。星空による薄明かりの雪原で、周囲を見渡しながらの排便は緊張するものであった。そのような経験からすると、公共の便所にも温水洗浄便座の設置されている日本の異常さが際立ってくる。

排泄の前段は食事であるが、先住民族を訪問すると、当然であるが、それぞれの風土を反映した料理に出会う。アメリカ・インディアンのナヴァホの長老を訪問したときは、土産として一頭のヒツジを持参した。挨拶が終了すると早速、高齢の女性がナイフ一本で殺戮し解体を開始する。一時間弱で見事に解体され、廃棄されたのは大腸と小腸の内部に残留していた糞尿だけであった。羊皮以外は盛大な焚火で焼肉となり、参加した一〇数人の一族が一時間足らずで見事に片付けて白昼の宴会は終了した。

日本でも屋外でのヒツジの丸焼きを経験したことはあるが、日本の食事の対象は肉片だけである。しかし、ここではあらゆる部位が食用となる。もっとも馴染めなかったのは、先程まで糞尿が満杯であった小腸の焼物と顔形がそのままの頭部の丸焼きであった。幸運なことに、頭部はもっとも珍重される美味ということで長老に献上されて無事に回避できたが、小腸は味見する羽目になった。先入観念を払拭して、一種の蛋白にすぎないと味見してみると、意外に美味であり、食物は習慣であるということを実感した。

さらに壮大であったのは、ベトナム高地に生活する山岳民族が森林の神様に奉納する宗教儀式のときの食事である。巨大なブタを祭壇の前面で解体し、体毛と消化器官の一部を除去した以外のすべてを細切れにして大鍋の熱湯で煮込む。仕上がった肉片は参加した百人程度の村人に配分され、林間に展開した村人が持参した御飯と自家醸造の焼酎とともに、一時間足らずで消化してしまう。一年に二回の豪勢な食事に集中されるエネルギーは外部の人間には近付くことのできない祝宴の原型であった。

オーストラリアでは先住民族アボリジニのカンガルーの狩猟に同行した。かつては徒歩で追跡し、弓矢やブーメランで仕留めていたが、現在では砂漠を四輪駆動の車両で疾走して獲物を追跡し、車中から鉄砲で射撃する。それを出発地点まで運搬し、盛大な焚火のなかで丸焼きにし、解体して参加した各人に配分するのであるが、尻尾を試食することになった。カンガルーの尻尾の缶詰を味見した経験はあるが、丸焼きの尻尾は大量の脂肪が周囲を取巻き、缶詰とは大違いの野生の食料であった。

このような獣肉で最高の珍味はペルーのアンデス山脈に生活するケチュアが珍重するネズミである。現地では鳴声からクイという名前であるが、モルモットの一種である。ケチュアの一間しかない家屋の土間で何匹も飼育されており、究極の地産地消であるが、これも祝事か客人への接待のときにしか提供されない。料理をする主婦が日常作業のように手慣れた手法で絞殺し、熱湯処理によって体毛を除去し、内蔵を除去した腹腔に香草を挿入したクイを遠火で約二時間かけて丸焼きにする。

細切れの肉片を観念して味見してみたが、意外に美味であり、パリパリの外皮と赤身の肉片は北京ダックとして登場すれば、ほとんど区別がつかない味覚であった。さすがに頭部の丸焼きには手出しが出来なかったが、子供が物欲しそうにしていたので手渡したところ、喜色満面で一気に丸齧りであった。脂肪がないので、ペルーで飼育されてアメリカに大量に輸出されているが、ペルーでも高級料理であり、クスコの郊外の道路の両側にはクイ料理専門のレストランが多数あり、休日の夕方には混雑しているそうである。

これ以外にもイヌイットがビタミンを補給する食材として珍重するクジラの一種イッカクの外皮、ミクロネシアで貴重な料理とされるアオウミガメの丸焼き、南米大陸では蛋白の補給食材として日常に食用とされるイモムシ（スーリ）など様々な珍味を体験してきた。これらが証明するように、あらゆる動物のなかで人間は最強の雑食動物であり、それが人類の異常な増大の原因でもある。まだまだ人口が増加する今後を前提とすると、先住民族のみならず、世界各地の食事の伝統には見習うべきものが多数存在する。

宿泊施設のない地域ではテント生活になるが、脅威は毒蛇や毒虫である。オーストラリアの北東部分のヨーク半島は全体が赤茶けた土地で、アルミニウムの原料ボーキサイトの世界有数の産地であるが、その先端の熱帯雨林に生活しているアボリジニの集落を訪問した。事前の情報では、これまで取材されたことはなく、当然のこととして宿泊施設はないということであった。そこで大量の食糧、二張の大型テント、毒蛇対策の高床形式の組立寝台を用意し、二台の四輪駆動の車両に山積みして僻地を目指して出発した。

電気マッサージ器具の何倍にもなる振動を延々と体験させる凹凸のある赤土の道路は、到達地点の過酷な環境を想像させるものであったが、密林を半日かけて通過し目的の集落に到着してみると、予想とは相違した快適な海沿いの草原であった。まずは酋長に挨拶と小屋に出向くと、その内部には意外な光景が展開していた。机上には、それほど旧型でもないパーソナルコンピュータが二台も設置され、衛星通信によるインターネット経由で世界各地と自由に交信しているということである。

その酋長がテントやベッドは不要で、集落の一角にある研修施設に宿泊しろというので、指示された建物に到達すると、高床のプレハブ建物の室内には最新の日本製品である大型テレビジョンもパーソナルコンピュータも設置され、水洗便所、冷房装置、温水シャワー完備の高級住宅であった。自家発電の制約のため時々断水することを我慢すれば、毒蛇の襲来も心配無用の快適な室内で安眠することができた。これは例外の僥倖であり、大半は清潔指向の日本国民にとっては、それなりの覚悟の必要な旅行であった。

このような難行苦行にもかかわらず、ここまで無事に二〇番組が放送できたのは、現地に同行して困難な条件での撮影のために努力していただいた方々、先住民族と面倒な交渉をし、不慣れな一行を現地で案内していただいた方々、撮影のための面倒な注文に対応していただいた先住民族の方々、番組に仕上げるために国内で制作していただいた方々の寛容な精神の賜物である。そして最大の支援となったのは、有限の広報予算を視聴率稼ぎにはならない番組のために提供していただいたパナソニック株式会社の度量である。

さらに今回、書物の形式で内容が公開できたのは、この文章の原型となった、ビジネス雑誌には似合わない内容を三年にわたり連載していただいた『ＰＨＰビジネスレビュー』の栗本哲廣編集長（当時）、書物となるように編集し出版していただいた清水弘文堂書房の礒貝日月社主とアサヒ・エコ・ブックスの一冊として出版の支援をしていただいたアサヒビール株式会社の協力の賜物である。これら多数の方々に本書を献呈し、御礼としたい。

放送記録

本書はＢＳ―ＴＢＳで放送された番組『パナソニック・スペシャル：次世代への羅針盤：地球千年紀行～先住民族の叡智に学ぶ』の内容を文章の形式で出版したものである。

第１回	聖なる大地を守る ニュージーランド・マオリ	2008年4月27日／6月22日	第２章１
第２回	神々の恵みと生きる ニュージーランド・マオリ	2008年5月25日／7月27日	
第３回	極寒の自然と共生する 北欧ラップランド・サーミ	2008年8月31日／10月26日	第２章９
第４回	国境を越えて守る命 北欧ラップランド・サーミ	2008年9月32日／11月23日	
第５回	女性が拓く持続可能な社会 アメリカ・イロコイ連邦	2008年12月28日／2月22日	第２章５
第６回	自然は子孫からの預りもの アメリカ・ナバホ	2008年1月25日／3月22日	第２章６
第７回	砂漠に生きる悠久の知恵 オーストラリア・アボリジニ	2009年5月3日／6月28日	第２章10
第８回	熱帯の民が守る循環社会 オーストラリア・アボリジニ	2009年5月31日／7月26日	
第９回	巡る季節に合わせて生きる モンゴル	2009年8月30日／10月25日	第２章８
第10回	多様性が生み出す適応力 モンゴル	2009年9月27日／11月22日	
第11回	分ち合いで生きる極北の民 カナダ・イヌイット	2009年12月27日／1月24日	第２章７
第12回	地方主権が守る自然と伝統 カナダ・イヌイット	2010年1月31日／3月28日	
第13回	急峻な高地で守る生物多様性 南米ペルー・アンデスの民	2010年4月11日／7月11日	第２章４
第14回	天空の湖で究極の地産地消 南米ペルー・アンデスの民	2010年5月9日／8月8日	第２章３
第15回	珊瑚礁の海と共存する人々 ミクロネシア・ポンペイ島	2010年10月10日／1月9日	第２章２
第16回	伝統を守る海洋民族の子孫 ミクロネシア・ヤップ島	2010年11月21日／2月13日	
第17回	棚田が維持する農業と環境の共存 ベトナム少数民族	2011年4月24日／7月24日	第２章11
第18回	森とともに生きる山岳民族の精神 ベトナム少数民族	2011年5月22日／8月28日	
第19回	足るを知る生活で伝統を守る ブータン王国	2011年10月23日／1月22日	第２章12
第20回	世界が注目する幸福国家 ブータン王国	2011年11月27日／2月26日	

写真撮影（50音順）

足立聡介

安藤孝之

岡本薫

川上優

月尾嘉男

中山章

望月紀彦

山崎唯生

湯原直樹

アサヒビール発行・清水弘文堂書房編集発売

ASAHI ECO BOOKS 最新刊一覧（2009年9月〜2012年4月現在）

No.24
大学発地域再生　カキネを越えたサステイナビリティの実践
上野 武 著　1500円（税込）

No.25
再生する国立公園　日本の自然と風景を守り、支える人たち
瀬田信哉 著　2200円（税込）

No.26
地球変動研究の最前線を訪ねる 人間と大気・生物・水・土壌の環境
小川利紘／及川武久／陽 捷行 共編著　3150円（税込）

No.27
気候変動列島ウォッチ
(財)地球・人間環境フォーラム 編　あん・まくどなるど 著　1575円（税込）

No.28
においとかおりと環境　嗅覚とにおい問題
岩崎好陽 著　1680円（税込）

No.29 樹寄せ72種＋3人とのエコ・トーク
栗田 亘 著 1890円（税込）

No.30 マンガがひもとく未来と環境
石毛 弓 著 1680円（税込）

No.31 森林カメラ 美しい森といのちの物語
香坂 玲 著 1680円（税込）

No.32 この国の環境――時空を超えて――
陽 捷行／ブルース・オズボーン 著 1680円（税込）

No.33 自然の風景論 自然をめぐるまなざしと表象
西田正憲 著 2310円（税込）

※各書籍の詳細は清水弘文堂書房公式サイトにてご確認ください
http://www.shimizukobundo.com/asahi-eco-books/

清水弘文堂書房の本の注文方法

■電話注文03・3770・1922■FAX注文03・6680・8464■Eメール注文mail@shimizukobundo.com（いずれも送料300円注文主負担）■電話・FAX・Eメール以外で清水弘文堂書房の本をご注文いただく場合には、もよりの本屋さんにご注文いただくか、本の定価（消費税込み）に送料300円を足した金額を郵便為替（為替口座00260・3・59939　清水弘文堂書房）でお振り込みくだされば、確認後、一週間以内に郵送にてお送りいたします（郵便為替でご注文いただく場合には、振り込み用紙に本の題名必記）。

地球千年紀行　先住民族の叡智

ASAHI ECO BOOKS 34

発　行　二〇一二年四月二六日

著　者　月尾嘉男

発行者　小路明善

発行所　アサヒビール株式会社

住　所　東京都墨田区吾妻橋一・二三・一

電話番号　〇三・五六〇八・五一一一

編集発売　株式会社清水弘文堂書房

発売者　礒貝日月

住　所　東京都目黒区大橋一・三・七・二〇七

電話番号　〇三・三七七〇・一九二二

FAX　〇三・六六八〇・八四六四

Eメール　mail@shimizukobundo.com

HP　http://shimizukobundo.com/

印刷所　モリモト印刷株式会社

ISBN978-4-87950-607-8 C0039